レーニングノートα 漢文

はじめに

本書は、高等学校ではじめて漢文を学習する人でも、十分に読解の知識を身につけることができるように編集してあります。漢文は決してむずかしい科目ではなく、むしろ短期間でも集中的に学習すれば知識が身につく、勉強しやすい科目であるといえます。

漢文読解に必要な知識として、

①漢文訓読のルール　②漢文基本句形　③漢文重要単語　④漢詩のルール

の四点があります。本書では、この四点をそれぞれ章として順に学習できるようになっています。これだけ学習すれば、教科書はもちろんのこと、大学入試レベルの漢文を読んだり、解いたりすることが可能です。漢文の授業の予習や復習、さらに受験対策に本書は必ず役立つと確信しています。

本書の特色とねらい

① 本書の構成は、基本的には見開き2ページで一単位となっています。例外的に第2章では1ページでまとめたところもあります。

② 上段には、そのページで学習する漢文の知識が確認できる問題を収録してあります。設問に直接関係する場合を除いて、すべての漢字に振り仮名をつけた書き下し文を[読]として、さらに、口語訳を[訳]として示し、学習の助けになるよう配慮しました。

③ 下段には、上段の問題を解くために必要な知識を[ポイントチェック]として簡潔にまとめてあります。したがって、漢文の基礎知識が不十分な場合は、まず下段で知識を確認し、それから上段の問題を解くと効率のよい学習ができます。また、ある程度漢文の学習が進んでいる場合は、上段の問題からとりかかり、答えられなかったところや間違えたところを下段で確かめるようにすると、短期間で漢文の知識の総ざらいが可能です。

④ 解答はすべて書き込み式になっています。必ず書いて答えるようにしてください。解けなかったり、間違ったりした問題には印をつけておき、下段で知識を再確認してから、繰り返しやり直してください。

⑤ 解答・解説編は別冊とし、[解答]のほかに、設問を解くうえで注意すべきことを[解説]として入れてあります。また、設問の関係で本冊に書き下し文や口語訳を示していない場合は載せてあります。さらに、発展学習として役立つ知識を《ステップアップ》という囲み記事で適宜入れてありますから、参考にしてください。

⑥ 本書の振り仮名の表記は、原文である漢文は歴史的仮名づかいに、書き下し文は現代仮名づかいに統一してあります。

目次

トレーニングノートα 漢文

ポイントチェック 索引

《ステップアップ》索引(別冊解答編)

1 送り仮名・返り点

▼漢文を日本文に合わせて読むために補う、活用語尾や助詞などを「送り仮名」といい、読む順序を示す記号を「返り点」という。

（　月　日）

得点　　／52点

一 次の漢文に、〔　〕内の読みに従って送り仮名をつけなさい。（完答各3点）

(1) 風吹雲流。〔風(かぜ)吹(ふ)き雲(くも)流(なが)る。〕

(2) 大器晩成。〔大器(たいき)は晩成(ばんせい)す。〕（ゆっくりと完成する。）

(3) 仁人心也。〔仁(じん)は人(ひと)の心(こころ)なり。〕

(4) 此則寡人之罪也。〔此(こ)れ則(すなは)ち寡人(かじん)の罪(つみ)なり。〕（寡人：私（自分をけんそんしていう言葉。））

(5) 項王曰、「諾」。〔項王(こうおう)曰(い)はく、「諾(だく)」と。〕（諾：承知した。）

二 次の□に、返り点に従って読む順に番号を入れなさい。（完答各2点）

(1) □レ□□レ□。

(2) □二□□一。

(3) □三□□二□□一。

(4) □二□レ□□一。

(5) □レ□□□二□□一。

(6) □□二□□レ□。

(7) □下□二□□一□上。

ポイントチェック

送り仮名のつけ方

①漢字の右下に、小さく、
②必ずカタカナで書く。　例 日没ス。
③文語文法のきまりに従って、
④歴史的仮名づかいで書く。　例 歌ヘバ楽シ。

送り仮名の主な原則

①活用語は、活用語尾を送る。
②助詞や助動詞を補うことがある。
③副詞・接続詞・助動詞などは、原則として最後の一字を送る。例 常ニ・復タ・則チ・可シ
④文中・文末の「之(の)・者(は)・也(なり)・乎(か)・哉(や)・耳(のみ)」などは、そのまま読み、上の語には送り仮名をつけない。
　例 人之(の)罪也(なり)。（「人ノ之罪ナリ也。」としない。）
⑤助動詞にあたる「不(ず)・見(る)」は送り仮名をつけない。
⑥会話・引用文の終わりには「ト」を送る。
　例 恵王曰ハク、「善シ」ト。
⑦再読文字は特別な送り仮名のつけ方がある。（➡8P）

(8) □下 □二 □ □一 □中 □ □上。

(9) □下 □二 □ □一 □上レ □。

(10) □二‐□ □レ □ □一。

(11) □二 □ □ □一 □ □二‐□ □一。

三 次の漢文の読み方を答えなさい。（各3点）

(1) 少年易(やす)クレ老イ、学難(がた)シレ成リ。

読（　　　　）

(2) 懸(か)ケテ二羊(やう)頭(とう)ヲ一売ル二狗(く)肉(にく)ヲ一。（狗肉…イヌの肉。）

読（　　　　）

(3) 先ンズレバ即(すなは)チ制シレ人ヲ、後(おく)ルレバ則チ為(な)ル二人ノ所ト一レ制スル。

読（　　　　）

(4) 如(ごと)シ下揮(ふる)ツテ二快刀ヲ一断ツガ中乱麻ヲ上。（「如」は「ごとし」と平仮名で書く。）

読（　　　　）

(5) 得テ二天下ノ英才ヲ一教二‐育スルヲ之ヲ一。

読（　　　　）

返り点…下から上へ返って読むときに用いる記号のことで、漢字の左下につける。

① **レ点(れてん)**…下の字から、すぐ上の字に返って読むことを示す。

例 2レ 1。／ 3レ 2レ 1。

② **一二点(いちにてん)**…二字以上離れた下の字から、上の字に返って読むことを示す。**三四**…と続く場合もある。

例 3二 1 2一。／ 5三 1 4二 2 3一。

③ **レ点と一二点の組み合わせ**

(1) レ点と一二点　例 4二 2レ 1 3一。

(2) レ点と一点(一レ)　例 1 5二 2 4一レ 3。

④ **上(じょう) 中(ちゅう)下(げ)点(てん)**…一二点をはさんで、さらに下の字から上の字に返って読むことを示す。

(1) 上下点　例 5下 3二 1 2一 4上。

(2) 上中下点　例 7下 3二 1 2一 6中 4 5上。

(3) 上点とレ点(上レ)　例 6下 3二 1 2一 5上レ 4。

※一二点や上中下点をはさんで、さらに下から上へ読む「**甲乙丙点(こうおつへいてん)**」があるが、めったに出ない。

⑤ □‐□の形…二字で熟語を表し、続けて読む。

例 2二‐3 1一。

2 書き下し文・置き字

▼漢文を送り仮名や返り点に従って日本文のように書き直したものを「書き下し文（くだしぶん）」という。漢文の中にあって訓読しない文字を「置き字」という。

（　月　日）

得点
27点

一 次の漢文を書き下し文に直しなさい。（各3点）

(1) 行ク㆓百里ヲ㆒者ハ、半（なかバトス）㆓九十ヲ㆒。

読（　　　　）

訳 百里を行く者は、九十里を半分と考えるべきである。

(2) 逐（お）フ㆑鹿ヲ者ハ不（ず）㆑見㆑山ヲ。

読（　　　　）

訳 シカを追う者は山を見ない。

(3) 不（ず）ンバ㆑入（い）ラ㆓虎（こ）穴（けつ）ニ㆒、不㆑得㆓虎（こ）子（じ）ヲ㆒。

読（　　　　）

訳 トラの住むほら穴に入って行く危険を冒さなければ、貴重なトラの子を手に入れることはできない。

(4) 人皆有リ㆓不ル㆑忍ビ㆑人ニ之心㆒。

読（　　　　）

訳 人にはだれでも他人の苦しむのを見過ごすことができない心を持っている。

ポイントチェック

白文（はくぶん）・訓読漢文・書き下し文の違い

① 有備無患。…………白　文
② 有レバ㆑備ヘ無シ㆑患ヘ。…………訓読漢文
③ 備へ有れば患（うれ）へ無し。……書き下し文

①のように、漢字だけがならんでいる漢文を「白文」といい、②のように、白文に訓点（送り仮名と返り点）がついている漢文を「訓読漢文」といい、②を日本文のように書き直したものを「書き下し文」という。

書き下し文に直すときの原則

①古典文法に従い、仮名書きの部分は歴史的仮名づかいで書く。例 絶ツ㆑交ハリヲ。→交（まじ）はりを絶（た）つ。

②漢字はそのまま漢字に、送り仮名は平仮名にする。
例 日暮レテ道遠シ。→日（ひ）暮れて道遠（みちとお）し。

③訓読しない漢字は、書かない。（訓読しない漢字を「置き字」という。）
例 学ンデ而時ニ習フ㆑之ヲ。→学（まな）んで時（とき）に之（これ）を習（なら）ふ。

三 次の置き字を含む漢文を書き下し文に直しなさい。（各3点）

(1) 人不(シテ)レ知(ラ)而不レ慍(いきどほラ)。

読 （　　　　）

訳 他人が(自分のことを)知ってくれなくても、かっと怒らない。

(2) 献(ズ)二不(ふ)死(し)之薬(ヲ)於荊(けい)王(わう)(ニ)一。

読 （　　　　）

訳 死なない薬を荊王(けいおう)に献上する。

(3) 小(せう)人(じん)之学(ハ)、入(リ)二乎耳(ヨリ)一、出(ヅ)二乎口(ヨリ)一。

読 （　　　　）

訳 つまらない人間の学問は、耳から入ったものをすぐ口から出す。

(4) 吾(われ)十有五(ニシテ)而志(ス)二于学(ニ)一。

読 （　　　　）

訳 私は十五歳で学問を成しとげようと心に決めた。

(5) 王(タルハ)二天下(ニ)一、不二与(あづカリ)存(セ)一焉。

読 （　　　　）

訳 天下に王となることは、関係がないのだ。

訳 学問をして、そのつど反復練習する。

④助動詞や助詞にあたる漢字は平仮名にする。

例 歳月(ハ)不(ず)レ待(タ)レ人(ヲ)。→歳月(さいげつ)は人(ひと)を待(ま)た**ず**。

⑤再読文字(➜8P)は、最初は漢字に、二度目は平仮名にする。 例 **未**(ダ)(ず)二完成(セ)一。→**未**(いま)**だ**完成(かんせい)せ**ず**。

置き字とは

文意を強めたり、語句をつないだりする文字を「助字」といい、その中で、意味・用法が前後の送り仮名で明らかなため、特に訓読しない文字を「**置き字**」という。ただし、特別な用法の場合は訓読することもある。

主な置き字

① **而**
(1)文中で、前後をつなぐはたらきをする。
(2)文や句の最初にきたときなどは「しかモ」「しかシテ」などと読むこともある。

② **於 于 乎**
(1)文中で、対象・比較・場所などを表す。
(2)「於」は「おイテ」、「乎」は「か・や(疑問・反語)」と読むこともある。

③ **矣 焉**
(1)文末で、断定・詠嘆・疑問などを表したり、語調を強めたりする。
(2)「焉」は「いづクンゾ」(疑問・反語)などと読むこともある。

3 再読文字

（　月　日）

▼漢字一字で、日本語の副詞と助動詞（ズ・ベシ・ゴトシなど）または動詞（為(す)）の二つの意味をあわせ持ち、一字を二度読むものを「再読文字」という。

得点
/42点

■ 次の再読文字を含む漢文を書き下し文に直しなさい。（各3点）

（1）未ダ㆓嘗(かつ)テ敗北セ㆒。
読（　　　　　　）
訳 まだ一度も負けたことがない。

（2）将ニ〈レ〉限ラント㆓其ノ食ヲ㆒。
読（　　　　　　）
訳 これからその食糧を制限しようとする。

（3）当ニ〈シ〉㆓勉励ス㆒。
読（　　　　　　）
訳 当然、努め励むべきである。

（4）猶ホ〈シ〉㆓左右之手ノ㆒。
読（　　　　　　）
訳 ちょうど左右の手のようだ。

（5）須ラク〈シ〉㆑重ンズ㆓礼義ヲ㆒。
読（　　　　　　）
訳 ぜひ礼と義を重んじる必要がある。

（6）宜シク〈シ〉㆑在(あ)ル㆓高位ニ㆒。
読（　　　　　　）
訳 高い地位にいるのがよい。

（7）盍ゾ〈ル〉㆑言ハ㆓爾(なんぢ)ノ志ヲ㆒。
読（　　　　　　）
訳 どうしてお前の気持ちを言わないのか。

ポイントチェック

再読文字の読み方と表記のしかた

①再読文字が出てきたら、返り点に関係なく副詞として読む。（右下の送り仮名）
②次に、返り点に従って、下からもどって助動詞または動詞として読む。（左下の送り仮名）
③右の①は漢字で表記し、②は平仮名で表記する。

例 未(いま)ダ〈ず〉㆑知ラ。

①「未」を「いまダ」（副詞）と読む。
②次に、「未だ知ら」まで読んだら返り点（レ点）に従って「未」にもどり「ず」（助動詞）と読む。
③書き下し文は「未だ知らず。」

再読文字

① 未(いまダ / ず)
読 いまダ――ず
訳 まだ――ない

② 将(まさニ / す)・且(まさニ / す)
読 まさニ――（ント）す
訳 これから――しようとする／いまにも――しようとする

二　次の漢文の再読文字を口語訳しなさい。（完答各3点）

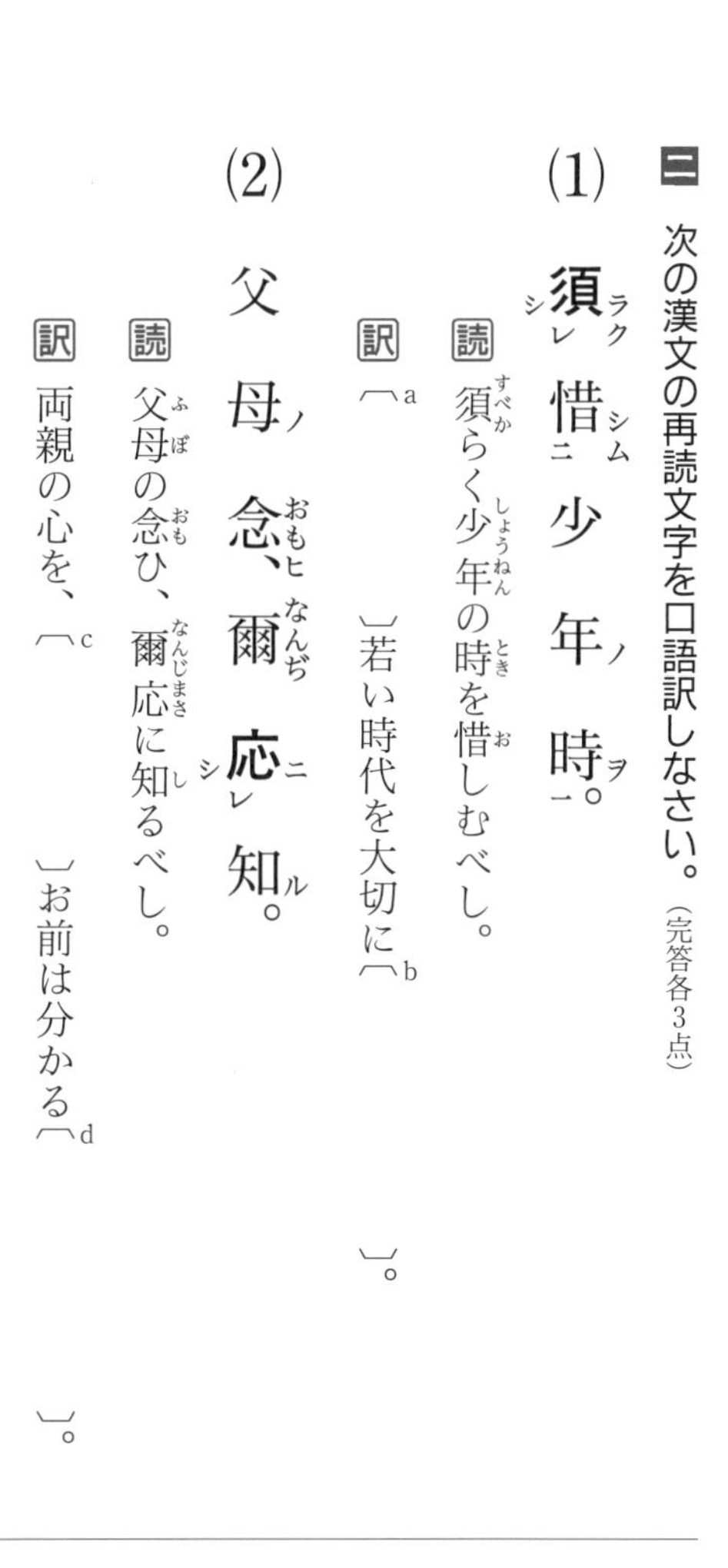

(1) 須ラク(シ)レ惜シム二少年ノ時ヲ一。

読 須(すべか)らく少年(しょうねん)の時(とき)を惜(お)しむべし。

訳 （a　　）若い時代を大切に（b　　）。

(2) 父母ノ念ヒ、爾(なんぢ)応ニ(シ)レ知ル。

読 父母(ふぼ)の念(おも)ひ、爾(なんじ)応(まさ)に知(し)るべし。

訳 両親の心を、（c　　）お前は分かる（d　　）。

(3) 引キテレ酒ヲ且ニレ飲マントレ之ヲ。

読 酒(さけ)を引(ひ)きて且(まさ)に之(これ)を飲(の)まんとす。

訳 酒を引き寄せて（e　　）飲もうと（f　　）。

(4) 過テバ則チ宜シク(シ)レ改ムレ之ヲ。

読 過(あやま)てば則(すなわ)ち宜(よろ)しく之(これ)を改(あらた)むべし。

訳 間違ったなら、これを改める（g　　）。

(5) 盍ゾ(ル)レ反ヘラ二其ノ本ニ一矣。（「矣」は置き字。）

読 盍(なん)ぞ其(そ)の本(もと)に反(かえ)らざる。

訳 （h　　）根本に返ら（i　　）。

③ 当（まさニ／ベシ）・応（まさニ／ベシ）

読 まさニ――ベシ

訳 当然――すべきだ／きっと――だろう

④ 猶（なホ／ごとシ）

読 なホ――(ノ)ごとシ

訳 ちょうど――のようだ

⑤ 須（すべかラク／ベシ）

読 すべかラク――ベシ

訳 ぜひ――する必要がある

⑥ 宜（よろシク／ベシ）

読 よろシク――ベシ

訳 ――するのがよい

⑦ 盍（なんゾ／ざル）

読 なんゾ――ざル

訳 どうして――しないのか

◆発展問題

三　次の漢文の傍線部を口語訳しなさい。（送り仮名を省略したところがある）（各3点）

(1) 臣ノ事(つかフルハ)レ君ニ、猶ニ子ノ事フルガレ父ニ也。

訳 臣下が君子に仕えるのは、（　　　　）

(2) 不レ知ラ二老イ之将ニ(ルヲ)レ至ラント一。

訳 （　　　　）

4 返読文字

▼漢文を訓読するときに、必ず下から上に返って読む文字のことを「返読文字」という。その代表的なものを取りあげてある。返り点のない白文を書き下し文に直すときなどはこの知識が役立つ。

（　月　日）

得点 ／44点

一 次の漢文の太字は返読文字である。□内に、返り点を入れなさい。（各2点）

(1) 往(ゆク)者(ハ)**不**a□追(ハ)、来(タル)者(ハ)**不**b□拒(こばマ)。
訳 去って行く者は追わない、来る者は拒まない。

(2) 人(ハ)**非**(あらズ)c□木石(ニ)d□。
訳 人は木や石ではない。

(3) 左右皆泣(キ)、**莫**(なシ)e□能(よク)仰(ギ)視(みルモノ)f□。
訳 左右にひかえていた人も皆泣いて、ふり仰いで見られる人はいなかった。

(4) 過(あやまテバ)則(すなはチ)**勿**(なカレ)g□憚(はばかルコト)h□改(ムルニ)。
訳 過ちを犯したら、そのときは改めることをためらってはいけない。

(5) **使**(しム)i□人(ヲシテ)描(カ)j□。
訳 人に描かせる。

ポイントチェック

返読文字とは

漢文は、送り仮名に「ヲ・ニ・ト・ヨリ」などがついている場合は、下から上に返って読むが、これらの送り仮名がなくても必ず下から上に返って読む文字のことを「返読文字」という。本書の第2章「漢文基本句形」に出てくる助動詞や助詞などに返読文字が多い。

「基本句形」に出てくる返読文字

① **不・弗** 読 **ず／ざル** 訳 ――**ない**（否定）

② **非・匪** 読 **あらズ** 訳 ――**ない**（否定）

③ **無・莫** 読 **なシ** 訳 ――**ない**（否定）

④ **無・莫・勿・毋** 読 **なカレ** 訳 ――**してはいけない**（禁止）

⑤ **使・令・教・遣** 読 **しム** 訳 ――**させる**（使役）

(6) 我被（る）k□欺（あざむカ）。

訳 私はだまされた。

(7) 雖（いへどモ）l□君子（ト）m□不n□免（まぬかレ）。

訳 たとえ徳の高い立派な人であってものがれることはできない。

(8) 光陰不o□可（ベカラ）p□軽（ンズ）。

訳 歳月を大切にしないのはよくない。

(9) 病（ヒハ）従（より）q□口入（ル）。

訳 病気は口から入る。

(10) 淡（キコト）如（ごとシ）r□水（ノ）。

訳 淡々としていて水のようだ。

(11) 与（と）s□朋（ほう）友（いう）t□交（ハル）。

訳 友人と交際する。

(12) 目（ハ）所（ゆゑ）u□以（んナリ）v□視（みル）。

訳 目は見るところのものである。

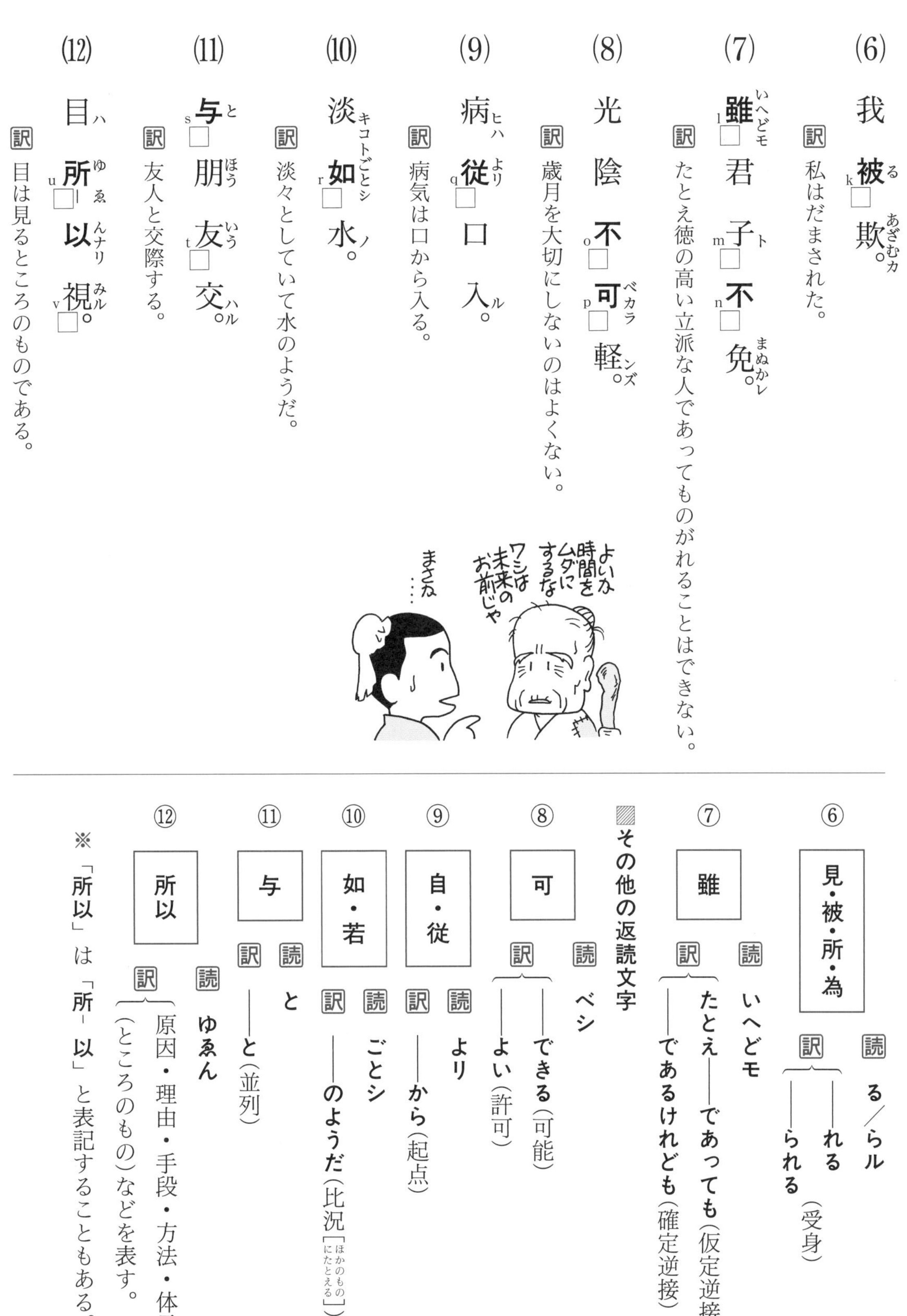

⑥ **見・被・所・為**

読 **る／らル**

訳 **──れる** / **──られる**（受身）

⑦ **雖**

読 **いへどモ**

訳 **たとえ──であっても**（仮定逆接） / **──であるけれども**（確定逆接）

その他の返読文字

⑧ **可**

読 **ベシ**

訳 **──できる**（可能） / **──よい**（許可）

⑨ **自・従**

読 **より**

訳 **──から**（起点）

⑩ **如・若**

読 **ごとシ**

訳 **──のようだ**（比況［ほかのものにたとえる］）

⑪ **与**

読 **と**

訳 **──と**（並列）

⑫ **所以**

読 **ゆゑん**

訳 原因・理由・手段・方法・体言化（ところのもの）などを表す。

※「**所以**」は「**所**レ**以**」と表記することもある。

5 否定形(1)
―否定の基本―

（　月　日）

▼他の語句の上について、その語句を否定したり、禁止したりする。これらはすべて返読文字である。

得点　／28点

一 次の漢文を書き下し文に直しなさい。（各3点）

(1) 弗レ食ハ不レ知ラ其ノ旨キヲ也。

読（　　　　）

訳 食べなければ、そのうまさがわからないのである。

(2) 別ニ有リ天地ノ非ザル人間ニ也。

（天地…世界。　人間…人間の住む俗世間。）

読（　　　　）

訳 別の世界で俗世間ではない(別天地が)ある。

(3) 見テ義ヲ不ルハ為サ、無キハ勇也。

読（　　　　）

訳 正しいことを見ながら実行しないのは、勇気がないのである。

(4) 己ノ所ノ不ル欲セ、勿カレ施スコト於人ニ。

読（　　　　）

訳 自分の望まないことは、他人にもしてはいけない。

ポイントチェック

単純な否定の句形

① 不ず ――　弗ず ――
読 ――ず
訳 ――ない

② 非あらズ ―― 　匪あらズ ――
読 ――ニあらズ
訳 ――ではない

③ 無なシ ――　莫なシ ――
読 ――なシ
訳 ――がない

禁止を表す句形

④ 無なカレ ――　勿なカレ ――　莫なカレ ――　毋なカレ ――
読 ――なカレ
訳 ――してはいけない

二 次の漢文の傍線部を口語訳しなさい。(各2点)

(1) 往ク者ハ不レ追ハ、来タル者ハ不レ拒マ。

読 往く者は追はず、来たる者は拒まず。

訳 去って行く者は〔a〕、来る者は〔b〕。

(2) 我ガ心ハ匪ズレ石ニ、不ル可ベカラレ転まろバス也。

読 我が心は石に匪ず、転ばすべからざるなり。

訳 私の心は〔c〕、転がすことはできないのである。

(3) 水清ケレバ無シニ大魚一。

読 水清ければ大魚無し。

訳 水が澄んでいると〔d〕。

(4) 酔ゑヒテ臥ふストモニ沙場ぢやうニ一君莫カレレ笑フコト。

読 酔ひて沙場に臥すとも君笑ふこと莫かれ。

訳 酔いつぶれて砂漠に倒れても、君よ〔e〕。

再読文字を用いた否定形(↓8P)

⑤ 未いまダズニ――一 読 いまダ――ず 訳 まだ――ない

⑥ 盍なんゾザルニ――一 読 なんゾ――ザル 訳 どうして――しないのか

「不」の読み方

「不」は、文語文法の打消の助動詞の活用に合わせて、次の表の太字のように変化させて読む。

未然形	連用形	終止形	連体形	已然形	命令形
ず **ざら**	**ず** **ざり**	**ず** ○	ぬ **ざる**	ね **ざれ**	○ **ざれ**
不ずンバ・不ざラ	不ずシテ・不ざリ	不ず	不ざル	不ざレ	不ざレ

※文脈によって、
・不ずンバ
・不ざラント
・不ざルヲ
・不ざレバ
などとなる。

◆発展問題

三 次の漢文の傍線部を口語訳しなさい。(送り仮名を省略したところがある)(各3点)

(1) 無キハニ是ぜ非ひ之心一、非ズレ人ニ也なり。

訳 善悪を判断できる心のない者は、〔 〕。

(2) 無レ友トスルニ不ルレ如しカ己おのれニ者ヲ一。(自分に及ばない者。)

訳 自分に及ばない者を〔 〕。

6 否定形(2) ―部分否定―

〔　月　日〕

▼否定を表す「不」の位置によって、部分否定と全部否定に分かれる。特に部分否定の読み方と訳し方に注意する。

得点　　/20点

ポイントチェック

部分否定の構文

不＋副詞（常ニハ・必ズシモ・倶ニハ・尽クハ・甚ダシクハ・復タ）＋用言

部分否定の句形

① 不(ず)ニ常(つねニハ)――一
読 つねニハ――ず
訳 いつも――とは限らない

② 不(ず)ニ必(かならズシモ)――一
読 かならズシモ――ず
訳 必ず――とは限らない

③ 不(ず)ニ倶(ともニハ)――一
読 ともニハ――ず
訳 どちらも――とは限らない

一 次の漢文の□内に、送り仮名を片仮名で入れなさい。（各2点）

(1) 伯(はく)楽(らく)ハ（名馬の鑑定家。）不ニ常□□有ラ一。
訳 伯楽はいつもいるとは限らない。

(2) 有ルレ言者ハ、不ニ必□□□有ラレ徳。
訳 立派なことを言う人が、必ず徳のある人だとは限らない。

(3) 水流不ニ甚□□□□急ナラ一。
訳 水の流れは、それほど激しくない。

(4) 去リテ、不ニ復□与(とも)ニ言ハ一。
訳 去ってしまい、二度と一緒に話さない。

二 次の漢文の傍線部を「不」と副詞の位置に注意して口語訳しなさい。（各3点）

(1) 今、両虎闘、其勢不倶生。

読 今、両虎闘はば、其の勢倶には生きざらん。

訳 今もし、二匹のトラが戦ったなら、その成りゆきとして、（　　）

(2) 不可尽信。

読 尽くは信ずべからず。

訳 （　　）

(3) 家貧不常得油。

読 家貧しくして常には油を得ず。

訳 家が貧しくて、（　　）

(4) 家貧常不得油。

読 家貧しくして常に油を得ず。

訳 家が貧しくて、（　　）

---

④ 不尽――

読 ことごとクハ――ず

訳 全部――とは限らない

⑤ 不甚――

読 はなはダシクハ――ず

訳 それほど――ない

⑥ 不復――

読 まタ――ず

訳 二度と――ない

部分否定と全部否定（単なる否定）との違い

部分否定	＝ 不 ＋ 副詞 ＋ 用言
全部否定	＝ 副詞 ＋ 不 ＋ 用言

否定の「不」が副詞（常・必など）の上にあるか、下にあるかによって、部分否定か全部否定かが決まる。「復」以外は送り仮名も違うことに注意する。

全部否定の副詞の送り仮名

常ニ・必ズ・倶ニ・尽ク・甚ダ・復タ（「復」のみ部分否定と同形。）

7 否定形 (3) ―二重否定―

▼否定詞（無・不・非など）を二つ用いて、強い肯定を表す形を、「二重否定」という。「―でないものはない＝―だ」が基本になる。

（　月　日）

得点　／37点

一 次の漢文の傍線部を書き下し文に直しなさい。（各3点）

(1) 吾(ガ)矛(ほこ)之利(とき コト)、**於(おイテ)レ物(ニ)無(キ)レ不(ル)レ陥(とほサ)**也(なり)。

読 吾(わ)が矛(ほこ)の利(とき)こと、（　　）

訳 私の矛の鋭いことは、物に対して通さないものはないのだ。

(2) **莫(キ)レ非(ザルハ)レ命(めいニ)**也。

読（　　）

訳 天の命令でないものはないのだ。

(3) **非(ザル)レ不(ルニ)レ悪(にくマ)レ寒(キヲ)**也。

読（　　）

訳 寒さを嫌わないわけではないのだ。

(4) 吾**未(ダ)ニ嘗(テ)不(ンバアラ)レ得(ル)レ見(まみユルヲ)**也。

読 吾(われ)（　　）

訳 私はいままでにお目にかかれなかったことはないのだ。

ポイントチェック

二重否定の句形

① 無(なシ)レ不(ざル)ニ――一

読 ―ざルなシ　訳 ―ないものはない

※①の「無」は「莫」でも同じ。

② 無(なシ)レ非(あらザル)ニ――ニ一

読 ―ニあらザルなシ　訳 ―でないものはない

※②の「無」は「莫」、「非」は「匪」でも同じ。

③ 非(あらズ)レ無(なキ)ニ――一

読 ―なキニあらズ　訳 ―がないのではない

④ 非(あらズ)レ不(ざルニ)ニ――一

読 ―ざルニあらズ　訳 ―ないわけではない

⑤ 未(いまダ)三嘗(かつテ)不(ずンバアラ)ニ――一

（「未」は再読文字。）

読 いまダかつテ―ずンバアラず　訳 いままでに―しなかったことはない

二 次の漢文を口語訳しなさい。（各3点）

(1) 不ルレ可カラレ不ルレ知ラ也。
読 知らざるべからざるなり。
訳（　　　　　　　　　）

(2) 不レ為サレ不トレ多カラ矣。
読 多からずと為さず。（「矣」は置き字。）
訳（　　　　　　　　　）

(3) 不レ得レ不ルヲレ語ラ。
読 語らざるを得ず。
訳（　　　　　　　　　）

三 次の漢文の□内に、送り仮名を片仮名で入れなさい。（各2点）

(1) 無[a]□レ不[b]□レ知ラレ愛スルヲ二其ノ親ヲ一。
訳 自分の親を愛することを知らないものはない。

(2) 読ミテレ之ヲ未[c]□三嘗[d]□不[e]□□□□二嘆息セ一。
訳 これを読んで、いままでに嘆いてため息をつかなかったことはない。

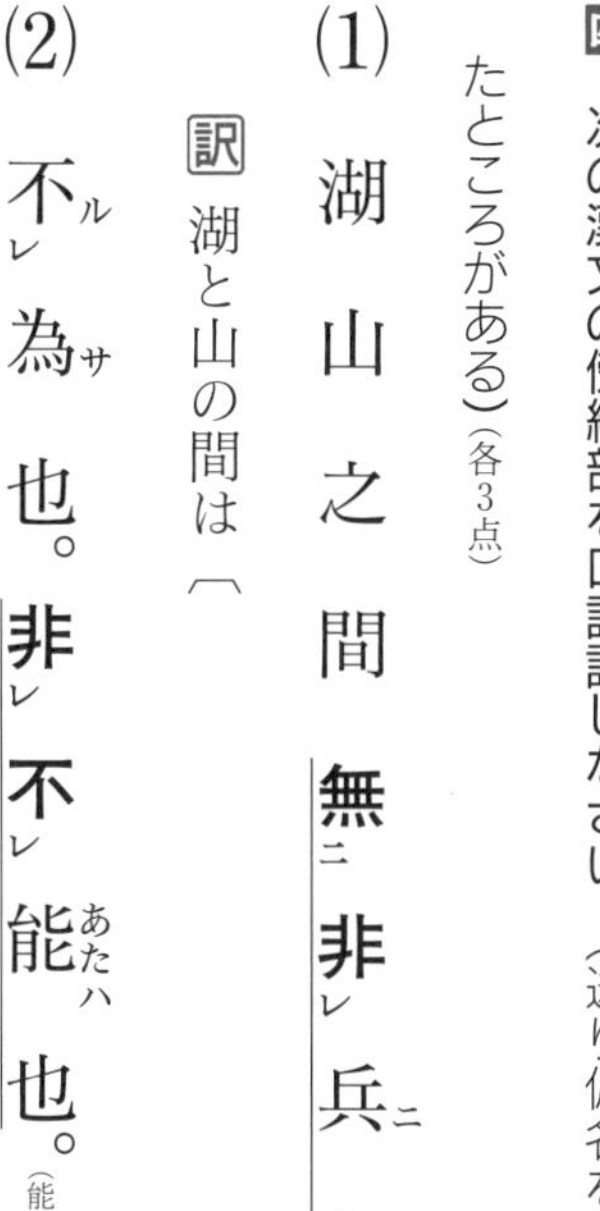

⑥ 不ずレ可べカラレ不ざル二――一
読 ――ざルベカラず
訳 ――しなくてはならない

⑦ 不ずレ為なサレ不ずト二――一
読 ――ずトなサず
訳 ――ないとはいえない

⑧ 不ずレ得えレ不ざルヲ二――一
読 ――ざルヲえず
訳 ――せずにはいられない

◆発展問題

四 次の漢文の傍線部を口語訳しなさい。（送り仮名を省略したところがある）（各3点）

(1) 湖山之間<u>無二非レ兵二者一</u>。
訳 湖と山の間は（　　　　　　　　　）

(2) 不ルレ為サ也。<u>非レ不レ能あたハ也</u>。（能＝できる。）
訳 しないのである。（　　　　　　　　　）

8 疑問形(1)

―文頭・文中の疑問詞―

▼文頭や文中にある疑問詞は、同じ漢字でも送り仮名の違いによって、読み方も訳し方も異なるので注意する。

（　月　日）

得点　／56点

一 次の漢文の傍線部を書き下し文に直し（(9)(10)(12)はすべて平仮名で答えなさい）、さらに口語訳しなさい。（各2点）

(1) 夫子何哂由。（由＝人名。）
読 夫子（a）
訳 先生は（b）

(2) 其何憂。
読 其れ（c）
訳 いったい（d）

(3) 不知何処宿。
読 知らず（e）
訳 知らないのだ、（f）

(4) 君悪在。
読 （g）
訳 （h）

(5) 君安与項伯有故。（項伯＝人名。　有故＝知り合いだ。）
読 君（i）
訳 あなたは（j）

(6) 孰与之。
読 （k）
訳 （l）

ポイントチェック

文頭・文中にある疑問詞

① 何（なんゾ）
読 なんゾ〈理由〉
訳 どうして…か

② 何（なにヲカ）
読 なにヲカ〈内容〉
訳 なにを…か

③ 何（いづレノ）
読 いづレノ〈時間・場所〉
訳 いつ…か／どこに…か

※①～③の「何」は「奚・曷・胡」でも同じ。

④ 安（いづクニ(カ)）
読 いづクニ(カ)〈場所〉
訳 どこに…か

⑤ 安（いづクンゾ）
読 いづクンゾ〈理由〉
訳 どうして…か

※④・⑤の「安」は「悪・焉」でも同じ。

⑥ 誰（たれカ）
読 たれカ〈人物〉
訳 だれが…か

※⑥の「誰」は「孰」でも同じ。

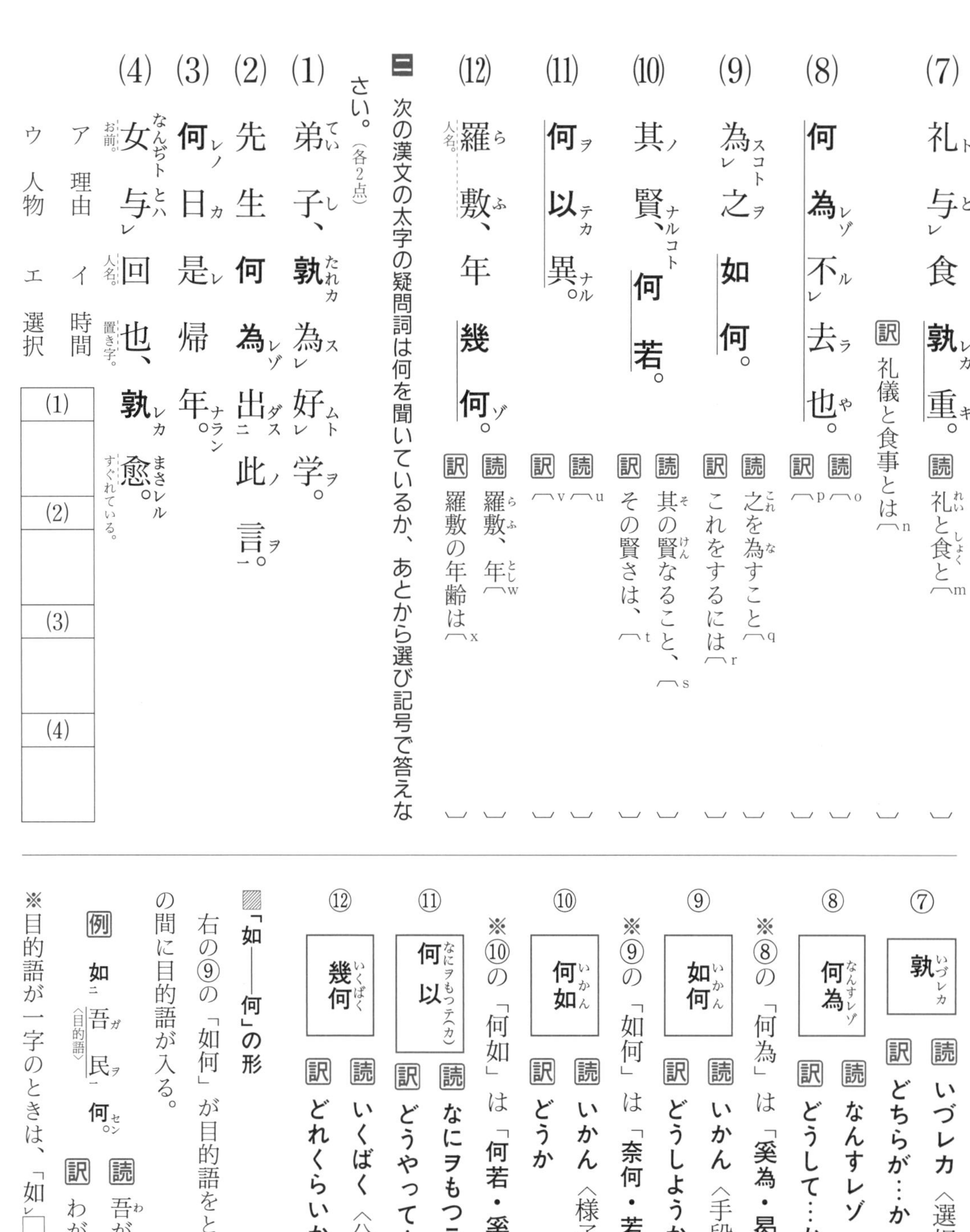

(7) 礼与食孰重。
読 礼と食と（　m　）
訳 礼儀と食事とは（　n　）

(8) 何為不去也。
読（　o　）
訳（　p　）

(9) 為之如何。
読 之を為すこと（　q　）
訳 これをするには（　r　）

(10) 其賢何若。
読 其の賢なること、（　s　）
訳 その賢さは、（　t　）

(11) 何以異。
読（　u　）
訳（　v　）

(12) 羅敷、年幾何。（羅敷＝人名。）
読 羅敷、年（　w　）
訳 羅敷の年齢は（　x　）

二 次の漢文の太字の疑問詞は何を聞いているか、あとから選び記号で答えなさい。（各2点）

(1) 弟子、**孰**為好学。
(2) 先生**何為**出此言。
(3) **何**日是帰年。
(4) 女与回也、**孰**愈。（女＝お前。回＝人名。也＝置き字。愈＝すぐれている。）

ア 理由　イ 時間　ウ 人物　エ 選択

(1)	(2)	(3)	(4)

---

⑦ **孰**（いづレカ）
読 **いづレカ**〈選択〉
訳 **どちらが…か**

⑧ **何為**（なんすレゾ）
読 **なんすレゾ**〈理由〉
訳 **どうして…か**

※⑧の「何為」は「**奚為・曷為・胡為**」でも同じ。

⑨ **如何**（いかん）
読 **いかん**〈手段・方法・処置〉
訳 **どうしようか**

※⑨の「如何」は「**奈何・若何**」でも同じ。

⑩ **何如**（いかん）
読 **いかん**〈様子・状態・程度〉
訳 **どうか**

※⑩の「何如」は「**何若・奚若**」でも同じ。

⑪ **何以**（なにヲもつテ(カ)）
読 **なにヲもつテ(カ)**〈方法・手段・理由〉
訳 **どうやって…か／どうして…か**

⑫ **幾何**（いくばく）
読 **いくばく**〈分量〉
訳 **どれくらいか**

「如——何」の形

右の⑨の「如何」が目的語をとるときは、「如」と「何」の間に目的語が入る。

例 **如**吾民**何**。（吾民＝目的語）
読 吾が民を如何せん。
訳 わが人民をどうしようか。

※目的語が一字のときは、「如レ□何」と「如」にレ点がつく。

9 疑問形(2)

―文末の助字／疑問詞＋助字―

▼疑問形のうち、文末にある助字、および8で学習した疑問詞と文末の助字がセットになっているものをまとめてある。

（　月　日）

得点
／25点

一 次の漢文の傍線部を書き下し文に直しなさい。（各3点）

(1) 君子(モ)亦(また)(タ)<u>有(ル)㆑窮(スルコト)乎</u>。

読 君子(くんし)も亦(ま)た（　　　　）

訳 徳の高い立派な人も(徳のない人と)同様に困り苦しむことがあるか。

(2) 女(なんぢ)<u>忘(レタル)㆓会(くわい)稽(けい)之恥(ヲ)㆒邪</u>。

読 女(なんじ)（　　　　）

訳 お前は会稽山で受けたはずかしめを忘れたのか。

(3) <u>雲耶山耶</u>。

読（　　　　）

訳 (あれは)雲だろうか、(それとも)山だろうか。

(4) 馮(ふう)公(こう)<u>有(リ)㆑親(しん)乎</u>。

読 馮公(ふうこう)（　　　　）

訳 馮公には身内がいるのか。

ポイントチェック

文末の疑問の助字

① **乎・邪・耶・也・哉**　読―**か／や**　訳―**か**

② **与・歟**　読―**か**　訳―**か**（「や」と読むことはほとんどない。）

疑問の助字(乎・邪・耶・也・哉)の読み分け

> **連体形・体言**に続くとき…**か**　と読む
> **終止形**に続くとき
> **疑問詞とセット**のとき　…**や**　と読む

例 無(キ)㆑馬邪。

「なキ」は形容詞「なシ」の連体形だから、文末の「邪」は「か」と読む。

例 非(ズ)㆓吾(ガ)故人(旧友。)㆒乎。

「あらズ」は「あら／ズ」と単語に分けることができ、「ズ」は打消の助動詞「ず」の終止形だから、文末の「乎」は「や」と読む。

(5) 天下治マル歟、不ル治マラ歟。

読 天下（てんか）〔　　　　　　　　〕

訳 国がよく治まっているか、治まっていないか。

(6) 何ゾ不ル与と我決セ乎。

読 〔　　　　　　　　〕

訳 どうして私と勝負を決めないのか。

(7) 今安クニ在リ哉。

読 〔　　　　　　　　〕

訳 今はどこにいるのか。

二 次の漢文の太字の読み方を、直前に読む漢字の送り仮名に注意して平仮名で答えなさい。（各2点）

(1) 無シ馬**邪**。□

訳 ウマはいないのか。

(2) 非ザル吾ガ故人ニ**乎**。□

訳 私の旧友ではないのか。

例 何ゾ苦シミテ為スレ盗ヲ邪。

読 何**ぞ**苦しみて盗を為す（邪）。 ←ここで文が完結している。

疑問詞「何ぞ」の「ぞ」は係り助詞で、結びは「為す」（四段動詞「為す」の連体形）。ここで文が完結しているから、たとえ連体形に接続していても「邪」は終止形接続と同じ扱いとなり「や」と読む。

疑問詞と文末の助字がセットの形

〈疑問詞〉

① 何（なんゾ）
② 何（なにヲカ）
③ 安（いづクニ（カ））
④ 安（いづクンゾ）
⑤ 誰（たれカ）
⑥ 孰（いづレカ）

〈助字〉 乎 邪 耶 也 哉 ＝ や

① 読 なんゾ…や　訳 どうして…か
② 読 なにヲカ…や　訳 なにを…か
③ 読 いづクニ（カ）…や　訳 どこに…か
④ 読 いづクンゾ…や　訳 どうして…か
⑤ 読 たれカ…や　訳 だれが…か
⑥ 読 いづレカ…や　訳 どちらが…か

※①・②の「何」は「奚・曷・胡」、③・④の「安」は「悪・焉」、⑤の「誰」は「孰」でも同じ。

10 反語形 (1)

―疑問形と同じ漢字の反語―

▼疑問形と同じ漢字で反語形を表すものを取りあげてある。疑問か反語かを正確に識別し、正しい口語訳ができるようにする。

（　月　日）

得点　／27点

一 次の漢文の傍線部を書き下し文に直しなさい。（各3点）

(1) 不仁者(ハ)、<u>可(ベケン)与(ともニ)言(フ)哉</u>。

読 不仁者(ふじんしゃ)は、（　　　　）

訳 思いやりの心のない人は、いっしょに話し合うことができようか、いや、話し合えない。

(2) <u>何(ゾ)不(ラン)為(ラ)福(ト)乎</u>。

読 （　　　　）

訳 どうして幸福とならないことがあろうか、いや、幸福にならないことはない。

(3) 割(さクニ)雞(にわとりヲ)、<u>焉(クンゾ)用(ヒン)牛刀(ヲ)</u>。

読 雞(にわとり)を割(さ)くに（　　　　）

訳 ニワトリをさばくのに、どうしてウシを切り割く刀を使う必要があろうか、いや、使う必要はない。

(4) 人生自(より)古(いにしへ)<u>誰(カ)無(カラン)死</u>。

読 人生(じんせい)古(いにしえ)より（　　　　）

訳 人生（において）昔からだれが死なないことがあるだろうか、いや、だれも死なないことはない。

ポイントチェック

疑問形と反語形の文末の違い

疑問形…や・か・連体形 で終わる
反語形…ん・んや で終わる

例 **何(ゾ)** 泣(ク) **乎(や)**。〈疑問形〉

訳 どうして泣くのか。

例 **何(ゾ)** 泣(カン) **乎(や)**。〈反語形〉

訳 どうして泣こうか、いや、泣かない。

※疑問形でも推量の助動詞にあたる「ん・らん・けん」は連体形も終止形と同形のため、「ん」で終わるので注意する。

疑問形と同じ漢字の反語形

(1) **文末の助字**

① ――(ン)**乎(や)**

読 **――ンや**

訳 **――か、いや、――ない**

※「乎」は「**邪・耶・也・哉・与・歟**」でも同じ。（②以下も同様。）

二 次の漢文の傍線部を口語訳しなさい。（各3点）

(1) 可ベケンレ謂イフレ孝トヲ乎。（孝＝孝行。）

読 孝と謂ふべけんや。

訳 （　　　　　　　　）

(2) 我何ゾ為サンレ渡ルコトヲ。（渡＝川を渡る。）

読 我何ぞ渡ることを為さん。

訳 私は（　　　　　　　　）

(3) 夫子安クンゾ不ランレ学バ。

読 夫子安くんぞ学ばざらん。

訳 先生は（　　　　　　　　）

(4) 人非ザレバ二聖人一ニ誰カ無カランレ過あやまチ。

読 人聖人に非ざれば誰か過ち無からん。

訳 人は聖人ではないので（　　　　　　　　）

(5) 吾何為レゾ不ランレ楽シマ。

読 吾何為れぞ楽しまざらん。

訳 私は（　　　　　　　　）

---

(2) **一字の疑問詞**（文末に助字がくることもある）

② **何ゾ——ン（乎）**

訳 **どうして——か、いや、——ない**　読 **なんゾ——ン(や)**

③ **何ヲカ——ン（乎）**

訳 **なにを——か、いや、——ない**　読 **なにヲカ——ン(や)**

※②・③の「何」は「**奚・曷・胡**」でも同じ。

④ **安クンゾ——ン（乎）**

訳 **どうして——か、いや、——ない**　読 **いづクンゾ——ン(や)**

※「安」は「**悪・焉**」でも同じ。

⑤ **誰カ——ン（乎）**

読 **たれカ——ン(や)**

訳 **だれが——か、いや、だれも——ない**

※「誰」は「**孰**」でも同じ。

(3) **二字の疑問詞**（文末に助字がくることもある）

⑥ **何為レゾ——ン（乎）**

読 **なんすレゾ——ン(や)**

訳 **どうして——か、いや、——ない**

※「何為」は「**奚為・曷為・胡為**」でも同じ。

（次ページ下段に続く）

11

反語形（2）

―(1)の続き／反語形独自のパターン―

▼反語形独自のパターンの数は少ないから、送り仮名に頼らなくても正確に読めて訳せるようにする。

〔　月　日〕

得点　　／27点

一 次の漢文の傍線部を書き下し文に直しなさい。（各3点）

(1) 虞(ぐ)ヤ兮虞ヤ兮<u>奈レ若(なんぢ)ヲ何セン</u>。（虞＝人名。兮＝置き字。）

読 虞(ぐ)や虞(ぐ)や〔　　　　〕

訳 虞よ、虞よ、お前をどうしようか、いや、どうしようもできない。

(2) 日夜望ム二将軍ノ至ルヲ一、<u>豈ニ敢(あ)ヘテ反(そむ)カン乎</u>。

読 日夜(にちや)将軍(しやうぐん)の至(いた)るを望(のぞ)む、〔　　　　〕

訳 いつも将軍が来るのを待ち望んでいた、どうして将軍に背くようなことをするだろうか、いや、背くようなことはしない。

(3) 百獣之見ルヤレ我ヲ、而<u>敢ヘテ不ランレ走ラ乎</u>。（走＝逃げる。）

読 百獣(ひやくじう)の我(われ)を見(み)るや、〔　　　　〕

訳 多くの獣(けもの)が私を見ると、どうして逃げないことがあろうか、いや、必ず逃げる。

(4) 学ンデ而時ニ習フレ之ヲ、<u>不ニ亦タ説(よろこ)バシカラ一乎</u>。

読 学(まな)んで時(とき)に之(これ)を習(なら)ふ、〔　　　　〕

訳 勉強して適当なときに復習するのは、なんと喜ばしいことではないか。

---

⑦ 如ニ――ヲ一何セン

読 ――ヲいかんセン

訳 ――をどうしようか、いや、どうしようもできない

⑧ 如何(いかんゾ)――ン（乎(や)）

読 いかんゾ――ン（や）

訳 どうして――か、いや、――ない

※⑦・⑧の「如何」は「奈何・若何」でも同じ。

※「何如(いかん)」は疑問形にしかない。

⑨ 何以(なにヲもつテ)――ン（乎(や)）

読 なにヲもつテ――ン（や）

訳 どうして――か、いや、――ない

⑩ 何必(なんゾかならズシモ)――ン（乎(や)）

読 なんゾかならズシモ――ン（や）

訳 どうして――する必要があろうか、いや、――する必要はない

二 次の漢文の傍線部を口語訳しなさい。（各3点）

(1) 少壮幾(いく)時(とき)ゾ兮奈レ老イヲ何セン。（兮＝置き字。）

読 少壮幾時(しょうそういくとき)ぞ老(お)いを奈何(いかん)せん。

訳 若く元気なときはどれくらい続くというのか、〔　　　　〕

(2) 豈ニ遠シトセン二千里ヲ一哉。

読 豈(あ)に千里(せんり)を遠(とお)しとせんや。

訳 〔　　　　〕

(3) 独リ不レ愧(はヂ)ランニ於心ニ一乎。（愧＝恥じること。）

読 独(ひと)り心(こころ)に愧(は)ぢざらんや。

訳 〔　　　　〕

(4) 敢ヘテ不レ敬セラン乎。

読 敢(あ)へて敬(けい)せざらんや。

訳 〔　　　　〕

(5) 不ニ亦タ楽シカラ一乎。

読 亦(ま)た楽(たの)しからずや。

訳 〔　　　　〕

反語形独自のパターン

⑪ 豈(あニ)——ン(乎(や))

読 あニ——ン(や)

訳 どうして——か、いや、——ない

⑫ 独(ひとリ)——ン(乎(や))

読 ひとリ——ン(や)

訳 どうして——か、いや、——ない

⑬ 敢(あヘテ)不(ざラン)ニ——一(乎(や))

読 あヘテ——ざラン(や)

訳 どうして——ないことがあろうか、いや、必ず——(する)

※「不ニ敢(ヘテ)——一」の形との違いに注意する。

(↓別冊解答9P)

⑭ 不(ず)ニ亦(まタ)——一乎(や)

読 まタ——ずや

訳 なんと——ではないか

※「亦(まタ)」は強めの副詞。「乎」が反語を表すので、必ず「乎」はある。「たいへん——ではないか、いや、——だ」という意味になるが、「なんと——ではないか」と詠嘆に訳すことが多い。

12 使役形

▼だれかに、なにかを「させる」という意味を表し、「Aヲシテ B(セ)しム」が代表的な形である。古文では「す・さす・しむ」が使役の助動詞であるが、漢文では「しむ」だけを用いる。

（　月　日）

得点
/34点

一 次の漢文の□内に、送り仮名を片仮名で入れなさい。（各2点）

(1) 天帝**使**[a□]我[b□□□]長（タラ）二百獣（ニ）一。
　訳 天の王が私に百獣の王とさせる。

(2) **令**[c□]二項（かう）羽（う）[d□□□]攻（せ）レ[e□]秦（ヲ）。
　訳 項羽に秦を攻めさせる。

(3) **命**[f□□]二故人[g□]一書（しよ）[h□□□]レ之（ヲ）。
　訳 旧友に命令してこれを書かせる。

二 次の漢文の傍線部を書き下し文に直し、さらに口語訳しなさい。（送り仮名を省略したところがある）（各3点）

(1) **使**二子（し）路（ろ）問一レ之。
　読（a　　　　）
　訳（b　　　　）

(2) 秦王**使**三使者告二趙（てう）王（わう）一。
　読 秦（しん）王（おう）（c　　　　）
　訳 秦王は（d　　　　）

(3) **遣**レ人往（ゆキテ）看（み）。
　読（e　　　　）
　訳（f　　　　）

ポイントチェック

使役の助字を用いる句形

> **使**（しム）二 A（ヲシテ） B（セ）一

読 **Aヲシテ B(セ)しム**
訳 **AにBさせる**

※「使」は「**令・教・遣**」でも同じ。

使役の意を含む動詞を用いる句形

> **命**（ジテ）二 A（ニ） 一 B（セ）（シム）

読 **Aニ命ジテ B(セ)シム**
訳 **Aに命令してBさせる**

※「命」のほかにも次のような形がある。（Bは省略）

(1) **教**（おしヘテ）二A（ニ）一　〈Aに教えて
(2) **召**（めシテ）二A（ヲ）一　〈Aを呼んで
(3) **勧**（すすメテ）二A（ニ）一　〈Aに勧めて
(4) **説**（とキテ）二A（ニ）一　〈Aを説得して
(5) **遣**（つかハシテ）二A（ヲ）一　〈Aを派遣して
　}Bさせる〉

文脈から判断して使役に読む場合…動詞の下に動作を受ける対象のあることが多い。

例 扶（たすケテ）而去（ラシムこれヲ）レ之。
使役に読む動詞　「去らせる」という動作を受ける対象

読 扶（たす）けて之（これ）を去（さ）ら**しむ**。
訳 命を助けて去らせる。

13 受身形

▼だれかに、なにかを「される」という意味を表し、「――る・――らル」が代表的な形になる。「見・被・所・為」などの漢字が受身形のイメージと結びつくようになるまで何度も復習する。

（　月　日）

得点　／12点

一 次の漢文を書き下し文に直しなさい。（各3点）

(1) 信ニシテ而**見**レ疑ハ、忠ニシテ而**被**レ謗(そし)ラ。（謗ラ：非難する。）

読（　　　　　　　　）

訳 誠を尽くしても疑われ、真心を尽くしても非難される。

(2) 厚キ者ハ**為**レ戮(りく)セ、薄キ者ハ**見**レ疑ハ。（戮セ：殺す。）

読（　　　　　　　　）

訳 ひどい場合は殺され、軽い場合は疑われる。

(3) 欺(あざむ)クレ人ヲ者ハ、却ッテ**為**ニ人ノ**所**レ欺ク。

読（　　　　　　　　）

訳 人をだます者は、かえって人にだまされる。

(4) 窮(きゅう)スル者ハ常ニ制セラル二**於**人ニ一。

読（　　　　　　　　）

訳 困窮している者はいつも他人に支配される。

ポイントチェック

受身の助字を用いる句形

見ル二――一 ／ 見ラル二――一

読 ――る　――らル

訳 ――れる　――られる

※「見」は「**被・所・為**」でも同じ。

「為A所B」で受身を表す句形

(1) 為(なル)二Aノ所(ところト)レB(スル)
(2) 為(ために)二Aノ所(らル)レB(セ)

読 (1) AノB(スル)ところトなル　(2) AノためニB(セ)らル

訳 AにBれる／られる

※(1)のパターンで出てくることが多い。

※(1)(2)とも、口語訳は同じになる。

置き字を用いる受身の句形

B(セ)ラル二於A一ニ

読 AニB(セ)ラル

訳 AにBれる／られる

※「於」は「**乎・于**」でも同じ。

文脈から判断して受身に読む場合

例 恵王ニ不レ用ヒラレ。（受身に読む動詞→用）

読 恵王(けいおう)に用(もち)ひ**られ**ず。

訳 恵王に採用されない。

14 仮定形

▼仮定を表す「如・苟」は「――バ」、「縦」は「――トモ」と呼応することに注意する。また、「雖」は返読文字で、ほかの仮定形の漢字と異質である。

（　月　日）

得点
40点

一 次の漢文の□内に、送り仮名を片仮名で入れなさい。（各2点）

(1) 如□(a)至□□(b)二乎大病ニ一、則（すなはチ）如レ之ヲ何セン。

訳 もし重病になったならば、そのときはどうしようか。

(2) 苟□□(c)有□□(d)二天運一、得ン二勝利ヲ一。

訳 もし天の運があるならば、勝利が得られるだろう。

(3) 縦□(e)我（われ）不レ□□(f)往（ゆカ）、子（し）寧（なんゾ）不ルレ来タラ。

訳 たとえ私がたずねていかないとしても、あなたはどうして来ないのか。

(4) 雖□(g)レ有□□(h)レ粟（ぞく）、吾豈ニ得テ而食ラハンヤレ諸（これヲ）。

訳 たとえ穀物があっても、私はどうしてこれを食べられようか、いや、食べられない。

ポイントチェック

副詞を用いる仮定形

① 如（もシ）――（未然形）バ

読 **もシ――バ**

訳 **もし――ならば**

※①の「如」は「若（もシ）・向使（もシ）」でも同じ。

② 苟（いやしクモ）――（未然形）バ

読 **いやしクモ――バ**

訳 **もし――ならば**

※①②の「バ」の直前の活用形は未然形がくる。

③ 縦（たとヒ）――（終止形）トモ

読 **たとヒ――トモ**

訳 **たとえ――としても**

※③の「縦」は「縦令（たとヒ）・仮令（たとヒ）」でも同じ。

※「トモ」の直前の活用形は終止形がくる。

二 次の漢文の傍線部を書き下し文に直し、さらに口語訳しなさい。(送り仮名を省略したところがある)(各3点)

(1) 学若不ンバレ成ラ 死ストモ不レ還ヘラ。

読〔　　a　　〕死すとも還らず。

訳〔　　b　　〕死んでも(故郷に)帰らない。

(2) 苟有レ過チ、人必ズ知レル之ヲ。

読〔　　c　　〕、人必ず之を知る。

訳〔　　d　　〕、人が必ず気づいてくれる。

(3) 縦彼ハ不レ言、我ハ恥レヅ之ヲ。

読〔　　e　　〕、我は之を恥づ。

訳〔　　f　　〕、私はこのことを恥じる。

(4) 雖ニ千万人一吾往カン矣。

読〔　　g　　〕吾往かん。

訳〔　　h　　〕私はつき進んで行こう。

接続の助字を用いる仮定形

④ 雖ニ(体言／終止形)一ト　読 ――トいへどモ　訳 たとえ――であっても

※「雖」は、「――ト」に続けて必ず下から返って読む返読文字である。「ト」の直前の活用形は終止形がくる。また体言(名詞)がくることもある。

文脈から判断して仮定に読む場合

例 朝ニ聞カバレ道ヲ、夕ベニ死ストモ可ナリ矣。

「聞く」の未然形「聞カ」に、接続助詞「バ」をつけて仮定を表している。

読 朝に道を聞かば、夕に死すとも可なり。

訳 もし朝に人間としてのあるべき道を聞くことができたならば、(その日の)夕方には死んでもよい。

「不ンバ・無クンバ」という漢文口調

古文では、仮定を表す場合は「未然形＋ば」になる。ところが、上段の二の(1)に「不ンバ」という形がある。古文のルールに従うと、「ずば」となるところであるが、漢文では「ずんば」と言うことが多い。これと同様に、「無くば」を「無くんば」と言うことも多い。このようないわゆる漢文口調にも慣れていくようにしよう。

15

比較・選択形

▼二つのものを比べて、「こちらのほうがよい」「これが一番だ」と比較し選択する言い方。比較形と選択形は表裏一体となっているので、比較・選択形とまとめてある。

（　月　日）

得点
/27点

一 次の漢文を書き下し文に直しなさい。（送り仮名を省略したところがある）（各3点）

(1) 霜(さう)葉(えふ)ハ紅(くれなゐナリ)㆓**於**二月ノ花㆒。

読（　　　　　　　　）

訳 霜に打たれて色づいた葉は、二月に咲く花よりも赤（く美し）い。

(2) **莫**㆑**若**㆓六(りつ)国(こく)従(しよう)親(しんシテ)以(テ)擯(しりぞクルニ)㆒㆑秦(ヲ)。

読（　　　　　　　　）

訳 六つの国が南北に同盟を結んで、秦を追い払うのが一番だ。

(3) **寧**人負(そむ)㆑我ニ、**無**㆓我負(クコト)㆒㆑人ニ。

読（　　　　　　　　）

訳 むしろ人が私を裏切っても、私が人を裏切ってはならない。

(4) **与**㆓其ノ有(ラン)㆒㆑誉(ほまれ)㆓於前ニ㆒、**孰**㆓‐**若**無(キニ)㆒㆑毀(そしり)㆓於其ノ後ニ㆒。

読（　　　　　　　　）

訳 生前に評判が高いよりは、死後に悪口を言われないほうがよい。

ポイントチェック

比較を表す句形

① **A(ハ) C(ナリ)㆓於B(ヨリモ)㆒**

読 **AハBヨリモC（ナリ）**

訳 **AはBよりもCだ**

※「於」は「乎・于」でも同じ。

※「於」は置き字で読まないが、原則として下の体言（B）に「ヨリモ」と送り仮名をつける。

※AとBを比べて、AのほうがBよりもCだ、という意を表している。

② **A(ハ) 不(ず)㆑如(しカ)㆓B(ニ)㆒**

読 **AハBニしカず**

訳 **AはBに及ばない／AよりBのほうがよい**

※「不㆑如」は「不㆑若」でも同じ。

③ **莫(なシ)㆑如(しクハ)㆓A(ニ)㆒**

読 **Aニしクハなシ**

訳 **Aに及ぶものはない／Aが一番だ**

※「莫㆑如」は「莫㆑若・無㆑如・無㆑若」でも同じ。

二　次の漢文を口語訳しなさい。（各3点）

(1) 苛(か)政(せい)ハ猛(ナリ)二於虎(ヨリモ)一。
（苛政＝苛酷な政治。　猛＝恐ろしい。）

読　苛(か)政(せい)は虎(とら)よりも猛(もう)なり。

訳　（　　　　）

(2) 百聞(ハ)不レ如(カ)二一見(ニ)一。

読　百聞(ひゃくぶん)は一見(いっけん)にしかず。

訳　（　　　　）

(3) 衣(ハ)莫(ク)レ若(クハ)レ新(タナルニ)、人(ハ)莫(シ)レ若(クハ)レ故(ふるキニ)。

読　衣(い)は新(あら)たなるに若(し)くは莫(な)く、人(ひと)は故(ふる)きに若(し)くは莫(な)し。

訳　（　　　　）

(4) 寧(ロ)為(ルトモ)二鶏口(けいこう)一、無(カレ)レ為(ルコト)二牛後(ト)一。
（鶏口＝ニワトリの口ばし。　牛後＝ウシの尻。）

読　寧(むし)ろ鶏口(けいこう)と為(な)るとも、牛後(ぎゅうご)と為(な)ること無(な)かれ。

訳　（　　　　）

(5) 礼(ハ)与(リハ)二其(ノ)奢(おごラン)一、寧(ロ)倹(ナレ)。
（礼＝儀礼。　奢＝ぜいたく。　倹＝質素。）

読　礼(れい)は其(そ)の奢(おご)らんよりは寧(むし)ろ倹(けん)なれ。

訳　（　　　　）

役人より
トラの方がマシ。
?

選択を表す句形

④ 寧(むしロ)A(ストモ)無(なカレ)二B(スル)一

読　むしロAストモBスルなカレ

訳　むしろAしてもBするな

⑤ 与(よりハ)二A一寧(むしロ)B

読　AよりハむしロB

訳　AよりはむしろBのほうがよい

※「孰(い)一若(ブレゾ)」は「孰一与」でも同じ。

⑥ 与(よりハ)二A一孰(い)ㇾ若(ブレゾ)B(ニ)一

読　AよりハBニいづレゾ

訳　AよりはBのほうがよい

※AとBを比べて、④はAのほうを選択し、⑤⑥はBのほうを選択する形である。

「不レ如(カ)」「莫(シ)レ如(クハ)」「与(リハ)」「孰一若(レゾ)」の書き下し文

書き下し文に直すときの原則をあてはめ、助動詞と助詞にあたる部分だけを平仮名にするとよい。

不レ如(カ) → 如(し)かず（如＝動詞　ず＝助動詞）

莫(シ)レ如(クハ) → 如(し)くは莫(な)し（如く＝動詞　は＝助詞　莫し＝形容詞）

与(リハ) → よりは（より＝助詞　は＝助詞）

孰一若(レゾ) → 孰若(いず)れぞ（孰若れ＝名詞　ぞ＝助詞）

16 抑揚形

▼最初に軽い内容を抑え て述べ、次に強調したい内容を持ち揚げ て述べる表現法である。したがって後半に述べたいことの中心がある。下段に代表的なパターンをあげてあるが、変則的な形で出てくることもある。

（　月　日）

得点
18点

一 次の漢文を書き下し文に直し、さらに傍線部を口語訳しなさい。（各3点）

(1) 禽（きん）獣（じゅう）スラ知ル㆑恩ヲ、而（しか）ルヲ**況ンヤ於イテ㆑人ニ乎**。

読（　　　a　　　）

訳 鳥や獣（けもの）でさえも恩を知っている、それなのに（　　　b　　　）

(2) 死馬スラ**且**ツ買フ㆑之ヲ、**況ンヤ生ケル者ヲ乎**。

生きているウマ。

読（　　　c　　　）

訳 死んだウマでさえも買うのだ、（　　　d　　　）

(3) 臣、死スラ**且**ツ不㆑避ケ、**卮（し）酒（しゅ）安クンゾ足ランヤ㆑辞スルニ**。

一杯の酒。　辞退する。

読（　　　e　　　）

訳 私は、死でさえも恐れないのに、（　　　f　　　）

ポイントチェック

▨ 抑揚形

①
A（スラ）B。況（いはンヤ）C（ヲ）乎（や）

読 AスラB。いはンヤCヲや

訳 AでさえもBだ。ましてCはなおさらBだ

②
A（スラ）猶（なホ）／且（かツ）B、況（いはンヤ）C（ヲ）乎（や）

読 Aスラ（かツ／なホ）B、いはンヤCヲや

訳 AでさえもBだ、ましてCはなおさらBだ

③
A（スラ）猶（なホ）／且（かツ）B、安（いづクンゾ）C（セン）乎（や）

読 Aスラ（かツ／なホ）B、いづクンゾCセンや

訳 AでさえもBなのに、どうしてCしようか、いや、Cしない

※①〜③の「乎」は「哉」、②③の「猶」は「尚」でも同じ。

17 限定形

▼「ただ…だけだ」と限定したり、特に強調したりする場合に用いる形。「のみ」は助詞にあたるから仮名書きにする。

〔　月　日〕

得点
／12点

一 次の漢文の傍線部を書き下し文に直しなさい。（送り仮名を省略したところがある）（各3点）

(1) 天下ノ英雄ハ唯君ト与(と)レ我。
読 天下(てんか)の英雄(えいゆう)は〔　　〕
訳 天下の英雄は、ただあなたと私とだけだ。

(2) 今独リ臣有レ船。
読 今(いま)〔　　〕
訳 今はただ私だけだ、船を持っているのは。

(3) 生キテ還(かへ)レル者、僅(わづ)カニ三人而已。
読 生(い)きて還(かえ)れる者(もの)、僅(わず)かに〔　　〕
訳 生きて戻ったのは、わずかに三人だけだ。

(4) 直不ニ百歩ナラ一耳。是(コレモ)亦(マタ)走ル也。
読 〔　　〕是(こ)れも亦(ま)た走(はし)るなり。
訳 ただ百歩逃げなかっただけだ。これも同様に逃げたことに変わりはない。

ポイントチェック

限定の副詞を用いる句形

① 唯ダ――ノミ　読 たダ――ノミ　訳 ただ――だけだ

※「唯」は「惟・但・只・祇・徒・直・特」などでも同じ。

② 独リ――ノミ　読 ひとリ――ノミ　訳 ただ――だけだ

限定の助字を用いる句形

③ ――已・――耳・――爾
――而已・――而已矣
読 ――ノミ　訳 ――だけだ

副詞と助字がセットの限定形

④ 唯ダ――已　読 たダ――のみ　訳 ただ――だけだ

※「唯」は①、「已」は③で示したほかの漢字でも同じ。

「――のみ」の直前の活用形

連体形 ＋ のみ

「のみ」の直前に活用語がある場合は連体形になる。

18 累加形

▼累加（るいか）とは、「ただAだけでなく、さらにBもそうである」と、前に述べたことに後のことと加えて強調する形。17の「限定形」の「たダ・ひとリ…ノミ」に否定の「不・非」や反語の「豈・何」がついた形。

（　月　日）

得点　　／12点

一 次の漢文の傍線部を書き下し文に直しなさい。（送り仮名を省略したところがある）「ノミ」の直前は、体言か活用語の連体形になる。（各3点）

(1) 不㆓唯忘㆑帰ルヲ㆒、可㆓シ以テ終㆑フ老イヲ㆒。

読（　　　　　　　　）以（もっ）て老（お）いを終（お）ふべし。

訳 ただ故郷に帰るのを忘れるだけでなく、（この土地で）このまま生涯を終えてもよいのである。

(2) 悲嘆セシ者ハ非㆓独我㆒。人皆涕（てい）泣（きふ）セリ矣。

読 悲嘆（ひたん）せし者（もの）は（　　　　　　　　）人皆涕泣（ひとみなていきゅう）せり。

訳 深く嘆き悲しんだ者は、ただ私だけでない。だれもが皆、涙を流して泣き悲しんだのである。

(3) 豈唯我之罪。

読（　　　　　　　　）

訳 どうしてただ私の罪だけであろうか、いや、私の罪だけでない。

(4) 故郷何独在㆓長安㆒ニ。

読 故郷（こきょう）（　　　　　　　　）

訳 故郷はどうしてただ長安にあるだけであろうか、いや、長安だけではない。

ポイントチェック

▨ **累加形** ※Bがない場合もある。

① 不㆓唯（ダニ）／独（リ）A㆒ノミナラ、B

読 （たダニ／ひとリ）Aノミナラず、B

訳 ただAだけでなく、Bである

② 非㆓ズ唯（ダニ）／独（リ）A㆒ノミニ、B

読 （たダニ／ひとリ）Aノミニあらズ、B

訳 ただAだけでなく、Bである

③

(1) 豈ニ唯ダニA、ノミナランヤB
(2) 何ゾ独リA、ノミナランヤB

※①〜③の「唯」は「惟・但・只・祇・徒・直・特」などでも同じ。

読 (1) あニたダニAノミナランヤ、B　(2) なんゾひとリAノミナランヤ、B

訳 どうしてただAだけであろうか、いや、Bである

19 詠嘆（感嘆）形

▼喜怒哀楽の感情を表すのが詠嘆（感嘆）形である。詠嘆（感嘆）を表す漢字を用いる以外に、疑問や反語を用いて詠嘆（感嘆）を表す場合もある。

（　月　日）

得点
／12点

一 次の漢文を書き下し文に直しなさい。（各3点）

(1) 嗚呼、士ハ為ニ知レル己ヲ者ノ死ス。

読〔　　　　　　　　〕

訳 ああ、立派な男子は自分を理解している者のために死ぬのだ。

(2) 逝（ゆ）ク者ハ如キレ斯（か）クノ夫。

読〔　　　　　　　　〕

訳 過ぎ去って行くものは、この（川の水の）ようなものだなあ。

(3) 何ゾ楚（そ）人（ひと）之多キ也。

読〔　　　　　　　　〕

訳 なんと楚の国の人の多いことよ。

(4) 豈ニ不レ悲シカラ哉。

読〔　　　　　　　　〕

訳 なんと悲しいことではないか。

ポイントチェック

▨ 文頭にくる詠嘆（感嘆）形

嗚呼・嗟・噫・嘻・嗟乎・吁嗟　など

読 ああ　訳 ああ

▨ 文末にくる詠嘆（感嘆）形

哉・矣・夫・乎・与・也夫・乎哉　など

読 かな　訳 だなあ

▨ 疑問や反語を用いて詠嘆（感嘆）を表す形

① 何（なんゾ）——也（や）

読 なんゾ——や　訳 なんと——ことよ

② 不（ず）ニ亦（まタ）——一乎（や）　（→25P）

読 まタ——ずや　訳 なんと——ではないか

③ 豈（あニ）不（ず）ニ——一哉（や）

読 あニ——ずや　訳 なんと——ではないか

20 いくつもの読み方がある漢字

▼漢文には、表す意味によって読み方の異なる漢字がある。ここでは、よく出てくる基本的なものを取りあげてあるから、辞書なしでも読み方と意味をいえるようにする。

（　月　日）

得点　／68点

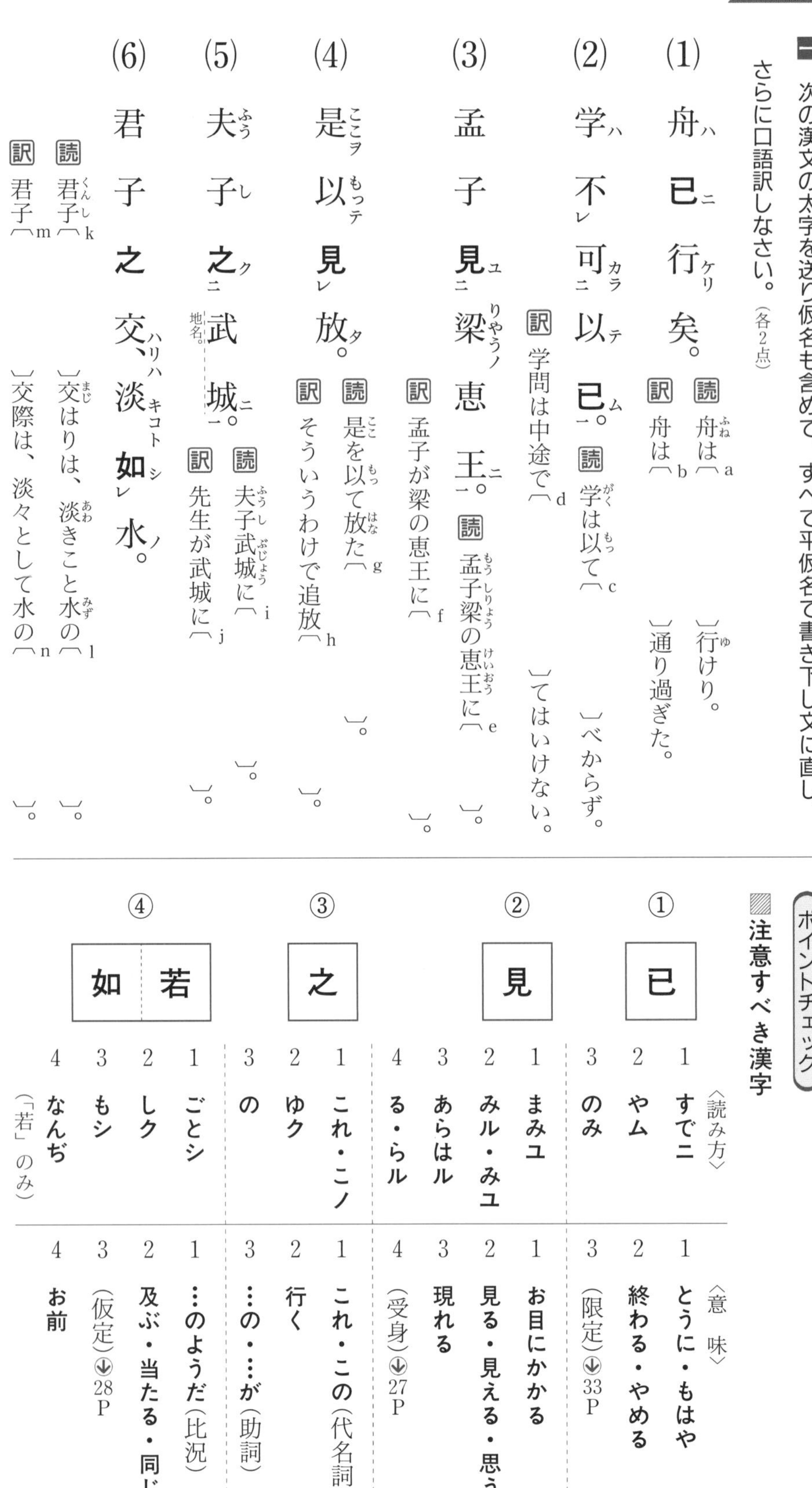

一 次の漢文の太字を送り仮名も含めて、すべて平仮名で書き下し文に直し、さらに口語訳しなさい。（各2点）

(1) 舟ハ**已**ニ行ケリ矣。

読 舟(ふね)は（　a　）行(ゆ)けり。

訳 舟は（　b　）通り過ぎた。

(2) 学ハ不レ可カラ二以テ**已**ム一。

読 学(がく)は以(もっ)て（　c　）べからず。

訳 学問は中途で（　d　）てはいけない。

(3) 孟子**見**ユ二梁(りやう)ノ恵王一ニ。

読 孟子梁(もうしりょう)の恵王(けいおう)に（　e　）。

訳 孟子が梁の恵王に（　f　）。

(4) 是(ここ)ヲ以(もっ)テ**見**レ放タ。

読 是(ここ)を以(もっ)て放(はな)た（　g　）。

訳 そういうわけで追放（　h　）。

(5) 夫(ふう)子(し)**之**ク二武城一ニ。（武城：地名。）

読 夫子(ふうし)武城(ぶじょう)に（　i　）。

訳 先生が武城に（　j　）。

(6) 君子**之**交ハリハ、淡キコト**如**シレ水ノ。

読 君子(くんし)（　k　）交(まじ)はりは、淡(あわ)きこと水(みず)の（　l　）。

訳 君子（　m　）交際は、淡々として水の（　n　）。

ポイントチェック

注意すべき漢字

漢字		〈読み方〉	〈意味〉
① 已	1	すでニ	とうに・もはや
	2	やム	終わる・やめる
	3	のみ	（限定）➜33P
② 見	1	まみユ	お目にかかる
	2	みル・みユ	見る・見える・思う
	3	あらはル	現れる
	4	る・らル	（受身）➜27P
③ 之	1	これ・この	これ・この（代名詞）
	2	ゆク	行く
	3	の	…の・…が（助詞）
④ 若・如	1	ごとシ	…のようだ（比況）
	2	しク	及ぶ・当たる・同じ
	3	もシ	（仮定）➜28P
	4	なんぢ（「若」のみ）	お前

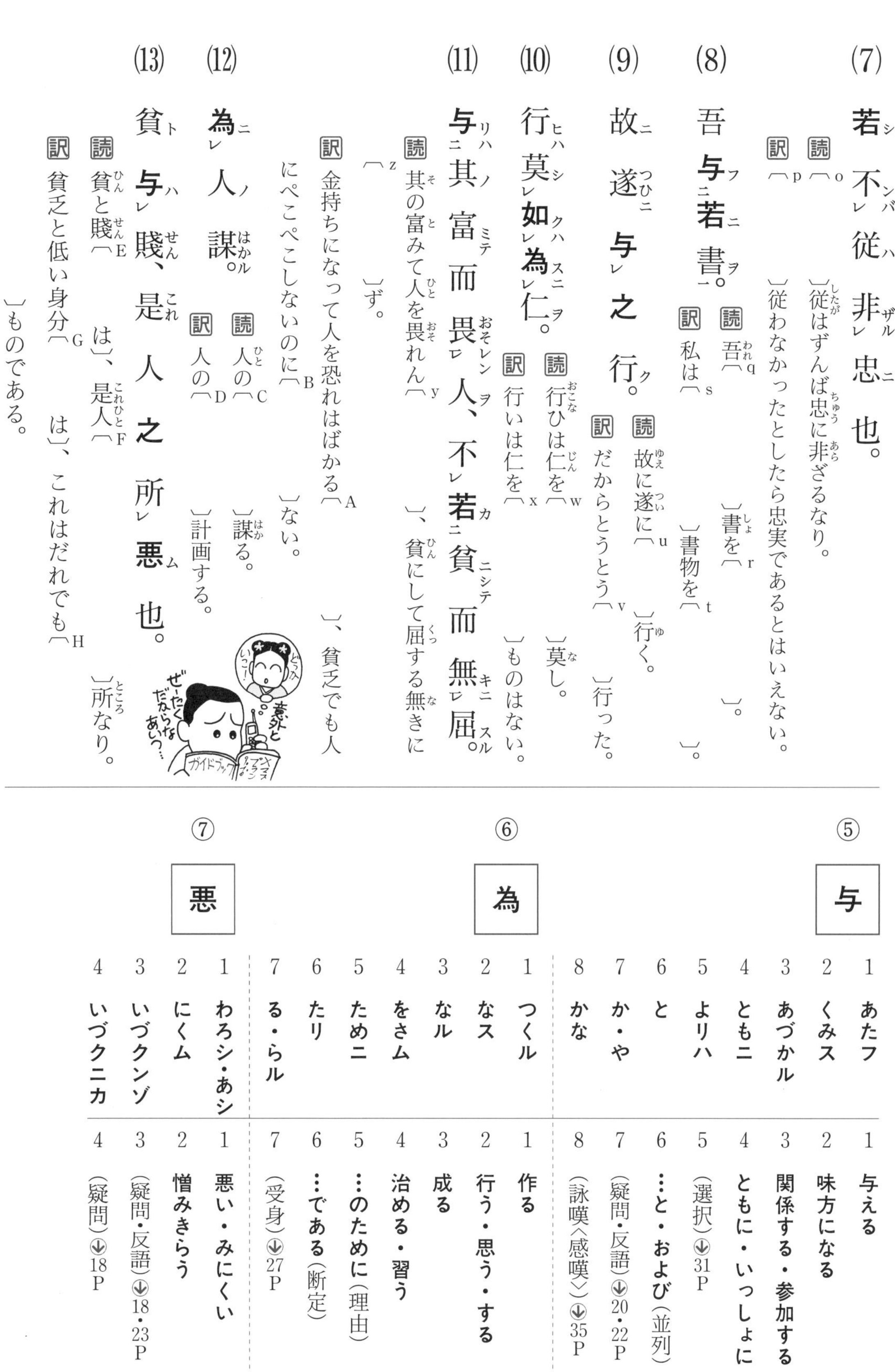

(7) 若シ不レンバ従ハ非レザル忠ニ也。

読 (o)従はずんば忠に非ざるなり。

訳 (p)従わなかったとしたら忠実であるとはいえない。

(8) 吾与ニフ若ニ書ヲ一。

読 吾(q)書を(r)。

訳 私は(s)書物を(t)。

(9) 故ニ遂ニ与レ之行ク。

読 故に遂に(u)行く。

訳 だからとうとう(v)行った。

(10) 行ヒハ莫シレ如クハレ為スニレ仁ヲ。

読 行ひは仁を(w)莫し。

訳 行いは仁を(x)ものはない。

(11) 与リハ其ノ富ミテ而畏レンレ人ヲ、不レ若カニ貧ニシテ而無キレ屈スル。

読 其の富みて人を畏れん(y)、貧にして屈する無きに(z)ず。

訳 金持ちになって人を恐れはばかる(A)、貧乏でも人にぺこぺこしないのに(B)ない。

(12) 為ニ人ノ謀ル。

読 人の(C)謀る。

訳 人の(D)計画する。

(13) 貧ト与ハ賤、是レ人之所レ悪ム也。

読 貧と賤(E)は、是人(F)所なり。

訳 貧乏と低い身分(G)は、これはだれでも(H)ものである。

⑤ 与

	読み	意味
1	あたフ	与える
2	くみス	味方になる
3	あづかル	関係する・参加する
4	ともニ	ともに・いっしょに
5	よりハ	(選択)→31P
6	と	…と・および(並列)
7	か・や	(疑問・反語)→20・22P
8	かな	(詠嘆〈感嘆〉)→35P

⑥ 為

	読み	意味
1	つくル	作る
2	なス	行う・思う・する
3	なル	成る
4	をさム	治める・習う
5	ためニ	…のために(理由)
6	たリ	…である(断定)
7	る・らル	(受身)→27P

⑦ 悪

	読み	意味
1	わろシ・あシ	悪い・みにくい
2	にくム	憎みきらう
3	いづクンゾ	(疑問・反語)→18・23P
4	いづクニカ	(疑問)→18P

21 いくつもの漢字がある読み方

▼同じ読み方をする漢字で、比較的よく漢文に出てくるものを取りあげてある。「すなはチ」と「まタ」以外は意味もほぼ同じである。

（　月　日）

得点　／20点

一 次の漢文の太字を送り仮名も含めて、すべて平仮名で書き下し文に直しなさい。（各2点）

(1) 不ルレ足ラ下為ニ二外(がい)人(じん)ノ一**道**フニ上也。

読 外人の為(ため)に（　）足(た)らざるなり。

訳 外部の人のために話をするほどの価値はない。

(2) 其ノ人弗ザルレ能(あた)ハレ**応**フルコト也。

読 其(そ)の人(ひと)（　）能(あた)はざるなり。

訳 その人は返事をすることができなかった。

(3) **遂**ニ飲ムニ其ノ酒ヲ一。為(つく)レルニ蛇ノ足ヲ一者ハ、**終**ニ亡(うしな)ヘリニ其ノ酒ヲ一。

読 （a　）其(そ)の酒(さけ)を飲(の)む。蛇(へび)の足(あし)を為(つく)れる者(もの)は、（b　）其(そ)の酒(さけ)を亡(うしな)へり。

訳 とうとうその酒を飲んだ。ヘビの足を書き加えようとした人は、とうとう酒を飲めなかった。

(4) **女**忘レタルニ会(くわい)稽(けい)之恥ヲ一邪(か)。

読 （　）会稽(かいけい)の恥(はじ)を忘(わす)れたるか。

訳 お前は会稽山で受けた恥を忘れたのか。

ポイントチェック

注意すべき読み方

① いフ　訳 言う

■ 言(いフ)・道(いフ)・謂(いフ)・云(いフ)・曰(いフ)

② こたフ　訳 返事をする

■ 応(こたフ)・対(こたフ)・答(こたフ)

③ つひニ　訳 とうとう

■ 遂(つひニ)・終(つひニ)・卒(つひニ)・竟(つひニ)

④ なんぢ　訳 お前（二人称）

■ 汝(なんぢ)・女(なんぢ)・若(なんぢ)・而(なんぢ)・爾(なんぢ)

二 次の漢文の太字を口語訳しなさい。（各2点）

(1) 筆スベキハ**則チ**筆シ、削ルベキハ**則チ**削ル。

読 筆すべきは則ち筆し、削るべきは則ち削る。

訳 筆録すべきもの〔 a 〕筆録し、削るべきものの〔 b 〕削った。（ａｂ完答で2点）

(2) **即チ**馳セ去リ、変ジテ姓名ヲ、夜半至ル函谷関ニ。

読 即ち馳せ去り、姓名を変じて、夜半函谷関に至る。

訳 〔　〕ウマを走らせて逃げ去り、姓名を変えて、真夜中に函谷関に着いた。

(3) 林尽キテ水源ニ、**便チ**得タリ一山ヲ。

読 林水源に尽きて、便ち一山を得たり。

訳 林は川の水源のところで終わり、〔　〕一つの山があった。

(4) 舜崩ジ、**乃チ**践ム位ヲ。

読 舜崩じ、乃ち位を践む。

訳 舜帝が亡くなり、〔　〕(禹が)天子の位にのぼった。

(5) 出デテ望見スレバ、**輒チ**引キ車ヲ避ケ匿ル。

読 出でて望見すれば、輒ち車を引き避け匿る。

訳 外出して遠くに(姿を)見かけると、〔　〕車を引き返して隠れた。

---

⑤ **ゆク**

行・**之**・**往**・**徂**・**適**・**如**　訳 行く

▨ 意味の違いにも注意すべき漢字

⑥ **すなはチ**

(1) **則** …ならば・…すれば

(2) **即** すぐに・とりもなおさず

(3) **便** すぐに・たやすく

(4) **乃** そこで・ところが

(5) **輒** …するたびに・そのたびに

⑦ **まタ**

(1) **又** さらに・その上に・またもや

(2) **亦** …も同様に・…もまた

(3) **復** ふたたび・かさねて

(4) **還** ふたたび・もとにもどって

※一字で「また」と読み、送り仮名の「タ」を送らない場合もある。

22 読み方と意味に注意する一字の漢字

▼漢文によく出てきて、特に読み方や意味に注意すべきものを取りあげた。

（　月　日）

得点 ／40点

一 次の漢文の太字を送り仮名も含めて、すべて平仮名で書き下し文に直し、さらに口語訳しなさい。（(2)のbcは同じものが入る）（各2点）

(1) 員(うん)、**字**ハ子胥(ししょ)。（員＝人名。）

読 員(うん)、（ a ）子胥(ししょ)。

訳 員は、字を子胥といった。

(2) 以テ二**子**之矛(ほこ)ヲ一、陥(とほ)サバ二**子**之楯(たて)ヲ一、何如。

読 （ b ）の矛(ほこ)を以(もっ)て、（ b ）の楯(たて)を陥(とお)さば、何如(いかん)。

訳 （ c ）の矛でもって、（ c ）の楯を突いたなら、どうなるか。

(3) **夫**レ義ハ天下之大器也。

読 （ d ）義(ぎ)は天下(てんか)の大器(たいき)なり。

訳 （ e ）、人として踏み行うべき道は天下の大器といえる（大切な）ものである。

最強の矛　やるか

最強の楯　おお

ポイントチェック

注意すべき漢字

① **字**　読 あざな　訳 あざな（成人した男子が、実名以外につける呼び名。）

② **子**　読 し　訳 あなた（男子の敬称。）

③ **士**　読 し　訳 学徳のある者

④ **臣**　読 しん　訳 わたくし（君主に対して家来が、自分のことをけんそんして言うときに使う。）

⑤ **寡**ナシ　読 すくナシ　訳 少ない

⑥ **夫**レ　読 それ　訳 そもそも・いったい（新しい話題を言い出すときのことば。）

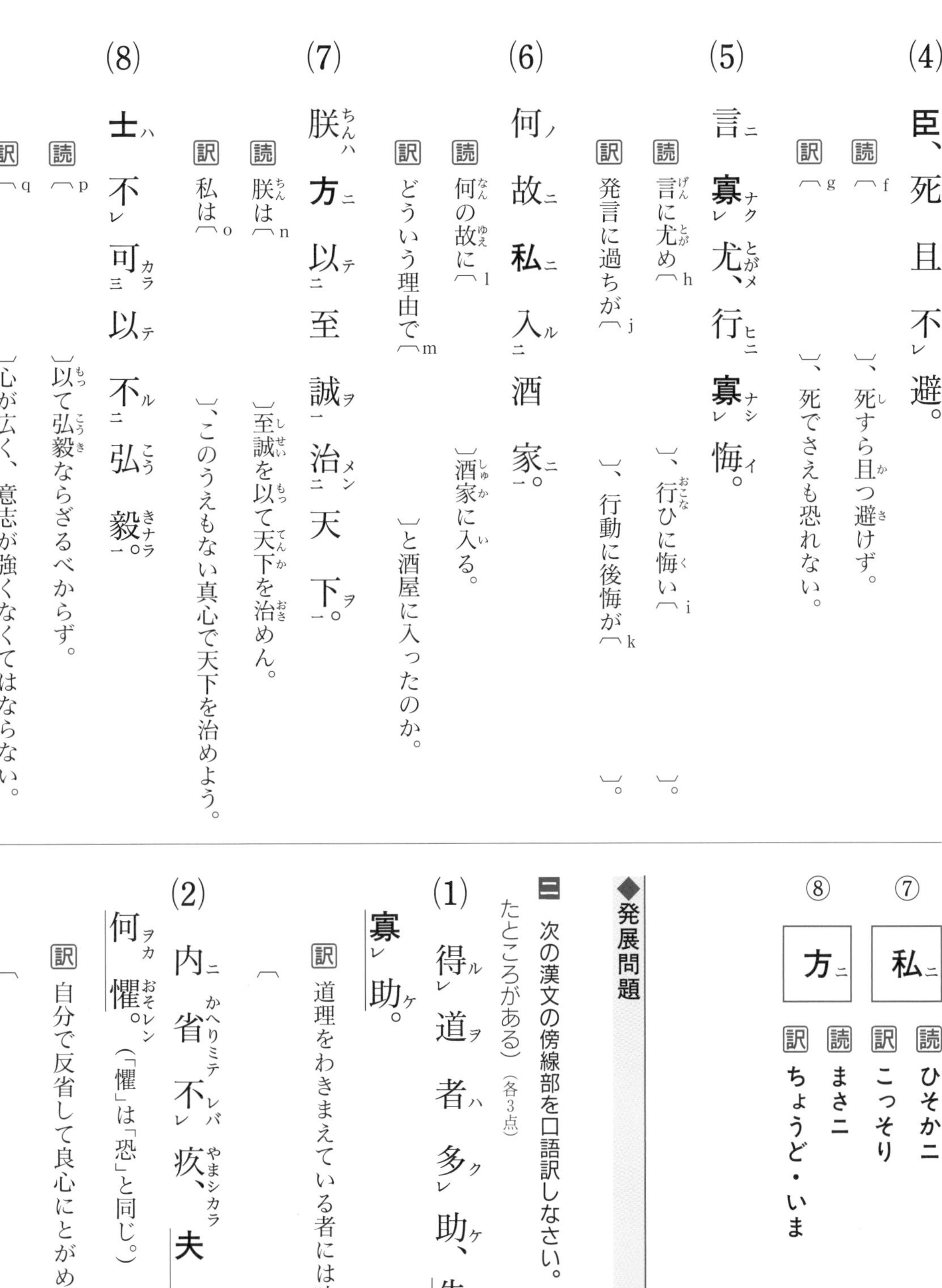

(4) 臣、死スラ且カツ不レ避ケ。

読〔 f 〕、死すら且つ避けず。

訳〔 g 〕、死でさえも恐れない。

(5) 言ニ寡ナクレ尤トガメ、行ヒニ寡ナシレ悔イ。

読 言に尤め〔 h 〕、行ひに悔い〔 i 〕。

訳 発言に過ちが〔 j 〕、行動に後悔が〔 k 〕。

(6) 何ノ故ニ私ニ入ル二酒家ニ一。

読 何の故に〔 l 〕酒家に入る。

訳 どういう理由で〔 m 〕と酒屋に入ったのか。

(7) 朕ちんハ方ニ以テ二至誠ヲ一治メン二天下ヲ一。

読 朕は〔 n 〕至誠を以て天下を治めん。

訳 私は〔 o 〕、このうえもない真心で天下を治めよう。

(8) 士ハ不レ可カラ三以テ不ル二弘こう毅きナラ一。

読〔 p 〕以て弘毅ならざるべからず。

訳〔 q 〕心が広く、意志が強くなくてはならない。

---

⑦ **私ニ**
読 ひそかニ
訳 こっそり

⑧ **方ニ**
読 まさニ
訳 ちょうど・いま

◆発展問題

二 次の漢文の傍線部を口語訳しなさい。(送り仮名を省略したところがある) (各3点)

(1) 得ル レ道ヲ者ハ多クレ助ケ、失フレ道ヲ者ハ寡レ助ケ。

訳 道理をわきまえている者には味方が多く、〔　　〕

(2) 内ニ省かへりミテ不レバ疚やまシカラ、夫何ヲカ憂ヘ何ヲカ懼おそレン。(「懼」は「恐」と同じ。)

訳 自分で反省して良心にとがめる点がなかったら、〔　　〕

23 読み方と意味に注意する二字の漢字

▼漢字二字を組み合わせて漢文独得の読み方をするものや、日本文で出てくる熟語と読み方や意味が違う代表的なものをまとめてある。

〔　月　日〕

得点　　/40点

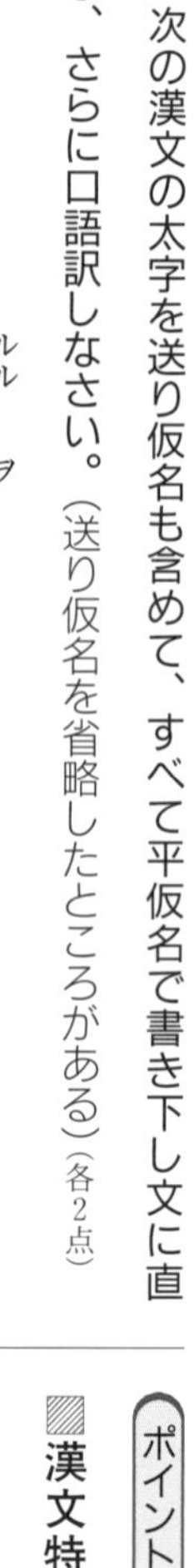

一 次の漢文の太字を送り仮名も含めて、すべて平仮名で書き下し文に直し、さらに口語訳しなさい。（送り仮名を省略したところがある）（各2点）

(1) **以為**畏ルルレ狐ヲ也。

読〔 a 〕狐(きつね)を畏(おそ)るるなり。

訳 キツネを恐れている〔 b 〕。

(2) **是以**後世無シレ伝フル焉。

読〔 c 〕後世(こうせい)伝(つた)ふる無(な)し。

訳〔 d 〕後世に伝えられていない。

(3) **以**レ**是**知ル二其ノ能ヲ一。

読〔 e 〕其(そ)の能(のう)を知(し)る。

訳〔 f 〕その能力を知る。

(4) **於**レ**是**遂ニ去ル。

読〔 g 〕遂(つい)に去(さ)る。

訳〔 h 〕とうとう行ってしまった。

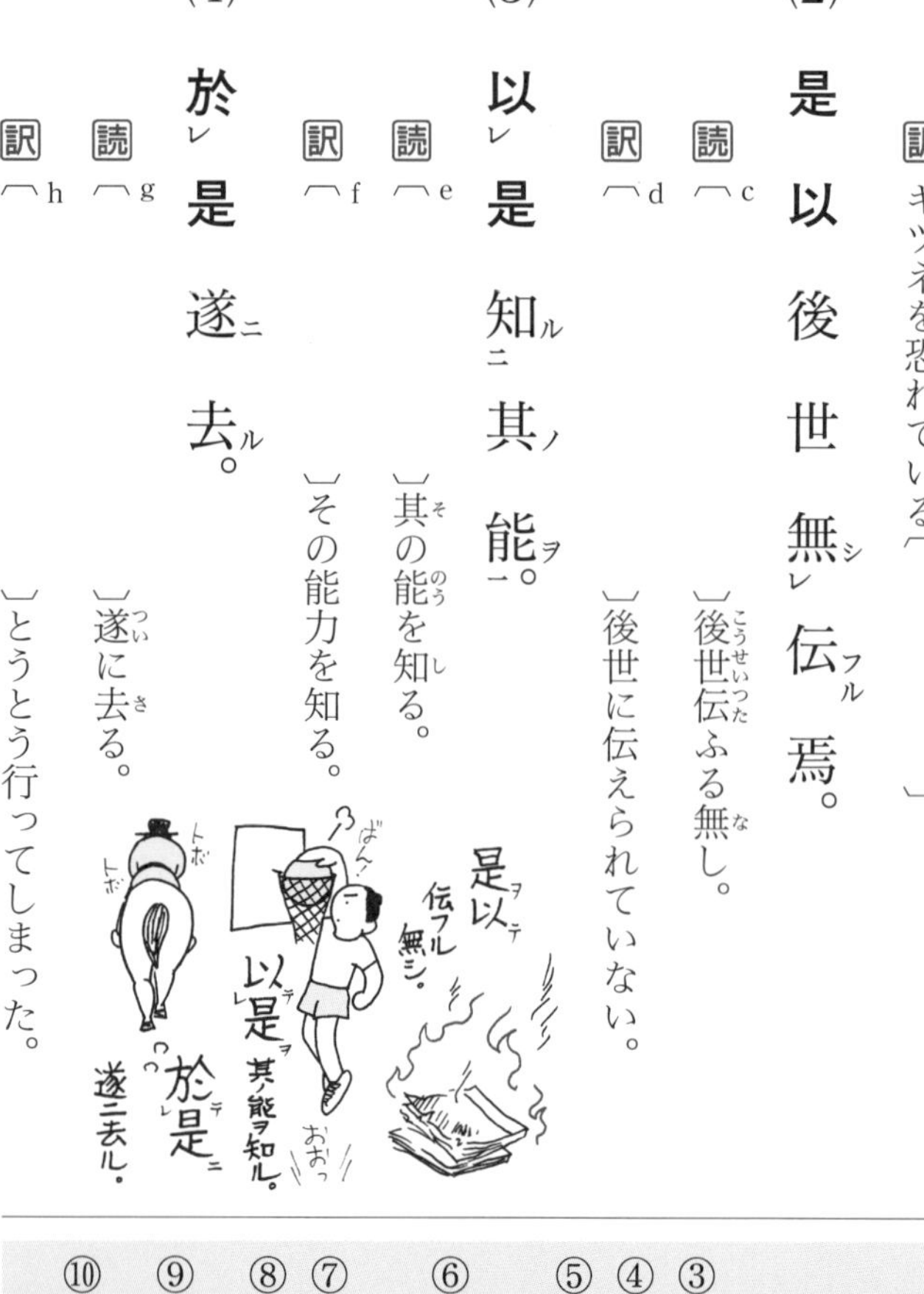

ポイントチェック

漢文特有の複合語

〈複合語〉	〈読み方〉	〈意味〉
① 以為ヘラク 以謂ヘラク	おもヘラク	思うことには・…と思う
② 如シレ此ノ 如シレ是ノ 若シレ此ノ 若シレ是ノ	かくノごとシ	このようである
③ 是ヲ以テ	ここヲもつテ	そういうわけで
④ 以テレ是ヲ	これヲもつテ	このことによって
⑤ 於テレ是ニ	ここニおいテ	そこで・そのときに
⑥ 庶幾	(1)こひねがフ (2)こひねがハクハ (3)ちかシ・ちかカラン	(1)願う・期待する (2)どうか…でありたい (3)ほとんど…だろう
⑦ 対ヘテ曰ハク	こたヘテいハク	答えて言うことには
⑧ 然ラバ則チ	しかラバすなはチ	そうだとすれば
⑨ 然而	(1)しかレドモ (2)しかリしかうシテ	そうではあるがしかし
⑩ 然後 而後	(1)しかルのち (2)しかシテのち	そうして後に そうしてはじめて

(5) 対曰、「百姓足ラバ、君孰ト与ニカ不レ足ラント。」

読〔 i 〕、「〔 j 〕足らば、君孰と与にか足らざらん。」と。

訳〔 k 〕、「〔 l 〕(の生活が)十分であれば、君子はだれとともに(生活が)不十分であろうか、いや(君子の生活も)十分である。

(6) 然則当ニ得レ罪ヲ。

読〔 m 〕当に罪を得べし。

訳〔 n 〕きっと罪を受けるだろう。

(7) 牡丹之愛スルハ、宜乎衆キコト乎。

読 牡丹を之れ愛するは、〔 o 〕衆きこと。

訳 ボタンの花を愛する(人)は、大勢いるのは〔 p 〕。

三 次の漢文特有の熟語の読み方を現代仮名づかいで答えなさい。(各2点)

(1) 幾何〔　〕 (2) 所謂〔　〕

(3) 人間〔　〕 (4) 所以〔　〕

⑪何則	なんトナレバすなはチ	なぜかというと
⑫為人	ひとトなり	人柄・性格・容貌
⑬宜乎	むベナルかな	もっともなことだ

漢文特有の熟語—日本語との違いにも注意しよう。

⑭幾何	いくばく	どれくらいか
⑮所謂	いはゆる(ワ)	世にいうところの・ここでいうところの
⑯家書	かしょ	家族への手紙・家族からの手紙
⑰寡人	くわじん(カ)	王侯が自分をへりくだっていう語(徳の寡ない私のような、の意。)
⑱期年	きねん	まる一年・一周年
⑲君子	くんし	立派な人物・高い身分の人・学問修養に努めている人
⑳故人	こじん	昔なじみ・旧友
㉑四時	しいじ	春夏秋冬・四季(「しじ」とも読む。)
㉒小人	せうじん(ショウ)	つまらない人間・身分の低い者
㉓丈夫	ぢやうふ(ジョウ)	人よりすぐれた立派な男
㉔人間	じんかん	人の住む所・俗世間
㉕大人	たいじん	徳の高い立派な人・父親や学者などの年長者に対する敬称
㉖百姓	ひゃくせい	一般の人民・庶民
㉗夫子	ふうし	先生・賢者・長者などの敬称
㉘昔者	むかし	むかし(「者」は時を表す語につく助字。今者・古者・昨者など。)
㉙所以	ゆゑん(エ)	理由・わけ・方法・手段・いわれ

24 漢詩の形式と構成 (1)

―絶句―

▼漢詩にはいろいろな決まりごとがある。ここでは、「絶句」についての形式や構成についてまとめてある。

〔　月　日〕

得点
／20点

一 次の漢詩について、あとの問いに答えなさい。（10点）

静夜思　李白

牀前看月光
疑是地上霜
挙頭望山月
低頭思故郷

読　牀前月光を看る
疑ふらくは是れ地上の霜かと
頭を挙げて山月を望み
頭を低れて故郷を思ふ

訳　寝台の前までさしこんでくる月の光を見ていると／地面に降りた霜かと疑われる（ほど白く輝いている）／頭をあげて山の上の月をながめ／うなだれては故郷のことを思い出す。

問一 この詩の形式を答えなさい。（3点）

問二 押韻の字を出てくる順にすべて抜き出しなさい。（完答3点）

問三 第一句と第四句の名称を、それぞれ答えなさい。（各2点）

問一	問三
	第一句―　　句
問二	第四句―　　句

ポイントチェック

絶句とは

全体が四句からできている漢詩で、一句の字数の違いによって、次の二つの形式がある。

① **五言絶句**　一句が**五字**で、**四句**から成る。

② **七言絶句**　一句が**七字**で、**四句**から成る。

絶句の構成と名称

絶句の各句の内容は、次のような構成になる。

第一句	**起句**	あることをいい起こす句
第二句	**承句**	起句を承けて内容を深める句
第三句	**転句**	起句・承句の内容を一転させる句
第四句	**結句**	内容をまとめて全体を結ぶ句

文章を書くときに「起承転結を考えて書く。」などと言うのは、ここからきている。

二 次の漢詩について、あとの問いに答えなさい。（10点）

山行　杜牧

遠ク上レバ二寒山ニ一石径斜メナリ
白雲生ズル処有リ二人家一
停メテレ車ヲ坐ロニ愛ス楓林ノ晩
霜葉ハ紅ナリ二於二月ノ花ヨリモ一

読　遠く寒山に上れば　石径斜めなり
白雲生ずる処　人家有り
車を停めて坐に愛す　楓林の晩
霜葉は二月の花よりも紅なり

訳　遠く人里離れたものさびしい山を登って行くと小石まじりの小道が斜めに続いていて／白雲の立ちこめるあたりに人家がある／車をとめて何となく心がひかれて夕暮れのカエデの林の美しさを観賞している／霜にあたって色づいた（カエデの）葉は、（夕日に照らされて）二月に咲く（モモの）花よりももっと赤く美しい。

問一　この詩の形式を答えなさい。（3点）

問二　押韻の字を出てくる順にすべて抜き出しなさい。（完答3点）

問三　第二句と第三句の名称を、それぞれ答えなさい。（各2点）

問一	問三
	第二句―　　句
問二	第三句―　　句

押韻（韻をふむ）とは

同じ響きを持つ漢字を句末に置くことを押韻といい、「韻をふむ」ともいう。押韻を見分けるためには、漢字を音読みして母音を含む部分が同じ響きなら、押韻していると考えてよい。

例　寒 k<u>an</u>　看 k<u>an</u>　安 <u>an</u>　山 s<u>an</u>　※下線部が押韻。

絶句の押韻の原則

五言絶句　偶数句の最後の漢字。

七言絶句　起句と偶数句の最後の漢字。

	〈五言絶句〉	〈七言絶句〉
起句	○○○○○	○○○○○○◉
承句	○○○○◉	○○○○○○◉
転句	○○○○○	○○○○○○○
結句	○○○○◉	○○○○○○◉

◉が原則として押韻する漢字。ただし、五言絶句では起句で押韻したり、七言絶句では起句で押韻しないこともある。必ず各句末の漢字を音読して、響きが同じかどうかを確かめることがたいせつである。

25 漢詩の形式と構成 (2) ―律詩―

▼漢詩のうち、「絶句」と並んでよく出てくる「律詩」についての形式や構成についてまとめてある。

（　月　日）

得点
／30点

一 次の漢詩について、あとの問いに答えなさい。（14点）

旅夜書懐　杜甫

細草微風岸
危檣独夜舟
星垂平野闊
月湧大江流
名豈文章著
官応老病休
飄飄何所似
天地一沙鴎

読

細草微風の岸
危檣独夜の舟（危檣＝高くそびえ立った帆ばしら。）
星垂れて平野闊く（闊＝ひろびろとしている。）
月湧いて大江流る（大江＝揚子江。）
名は豈に文章にて著れんや
官は応に老病にて休むべし（休＝やめる。）
飄飄として何の似る所ぞ（飄飄＝さまよう。）
天地の一沙鴎（沙鴎＝砂浜にいるカモメ。）

問一　この詩の形式を答えなさい。（3点）

問二　押韻の字を出てくる順にすべて抜き出しなさい。（完答3点）

問三　対句を構成しているのは次のどれか、記号で答えなさい。（完答4点）

ア 首聯　イ 頷聯　ウ 頸聯　エ 尾聯

問四　(1)反語を表す文字、(2)再読文字を一字ずつ抜き出しなさい。（各2点）

問一	問二	問三	問四 (1)	問四 (2)

ポイントチェック

律詩とは

全体が八句からできている漢詩で、一句の字数の違いによって、次の二つの形式がある。

① **五言律詩**　一句が**五字**で、**八句**から成る。

② **七言律詩**　一句が**七字**で、**八句**から成る。

律詩の構成と名称

律詩は、意味のうえで二句ずつで一まとまりとなっていて、それを「**聯**」という。

第一句と第二句	**首聯**（起聯とも）
第三句と第四句	**頷聯**（前聯とも）
第五句と第六句	**頸聯**（後聯とも）
第七句と第八句	**尾聯**（結聯とも）

内容的には、聯ごとに絶句の起・承・転・結の関係になる。

二 次の漢詩について、あとの問いに答えなさい。（16点）

黄鶴楼（くわうかくろう）　崔顥（さいこう）

昔人已ニ乗ジテ二黄鶴ニ一去リ
此ノ地空シク余ス黄鶴楼
黄鶴一タビ去ッテ A不二復返一
白雲千載空シク悠悠
晴川歴歴タリ漢陽ノ樹
芳草萋萋タリ鸚鵡洲
日暮郷関何レノ処カ是レナル
烟波江上 B使二人愁一

読
昔人（せきじん）已に黄鶴（こうかく）に乗（じょう）じて去（さ）り
此（こ）の地空（むな）しく余（あま）す黄鶴楼（こうかくろう）
黄鶴一（ひと）たび去（さ）って［A］
白雲千載空（はくうんせんざいむな）しく悠悠（ゆうゆう）
晴川歴歴（せいせんれきれき）たり漢陽（かんよう）の樹（じゅ）
芳草萋萋（ほうそうせいせい）たり鸚鵡洲（おうむしゅう）
日暮郷関何（にちぼきょうかんいず）れの処（ところ）か是（こ）れなる
烟波江上（えんぱこうじょう）［B］

問一　この詩の形式を答えなさい。（3点）

問二　押韻の字を出てくる順にすべて抜き出しなさい。（完答3点）

問三　対句を構成しているのは次のどれか、記号で答えなさい。（完答4点）
ア　首聯　イ　頷聯　ウ　頸聯　エ　尾聯

問四　傍線部A・Bを書き下し文に直しなさい。（ともに送り仮名は省略してある）（各3点）

問一	問二	問三	問四 A	問四 B

律詩の押韻の原則（「押韻」については→45P）

〈五言律詩〉〈七言律詩〉
首聯（しゅれん）　頷聯（がんれん）　頸聯（けいれん）　尾聯（びれん）

●が押韻する漢字。絶句と同じように例外もある。

対句（ついく）とは

句の字数・構成が同じで、意味内容も互いに対応する二つの句をいう。返り点の位置も同じ場合が多い。

例
青山 ↔ 白水
横タハリ二 ↔ 遶（めぐ）ル二
北郭ニ一 ↔ 東城ニ一

＊青山＝青々とした山。
＊北郭＝町の北側。
＊白水＝日光を受けて白く光る川。
＊遶ル＝取り囲む。
＊東城＝町の東側。

律詩の対句の原則

律詩の対句　頷聯（がんれん）と頸聯（けいれん）

ただし、首聯（しゅれん）や尾聯（びれん）が対句になることもある。

本書に関する最新情報は，当社ホームページにある本書の「サポート情報」をご覧ください。(開設していない場合もございます。)

高校 トレーニングノートα 漢文

編著者 高校教育研究会
今泉 真人

発行者 岡本明剛

印刷所 寿印刷株式会社

発行所

©株式会社 増進堂・受験研究社

〒550-0013
大阪市西区新町2丁目19番15号
電話 大阪(06)6532-1581(代)
FAX 大阪(06)6532-1588

落丁・乱丁本はお取り替えします。 Printed in Japan 高廣製本

↞ひっぱると，はずして使えます。

Training Note

トレーニングノート α

漢文

解答・解説

解答編

注 書き下し文に直す問いには、参考までに解答で漢字に振り仮名をつけてあるが、答案では不要である。

1 解答●4ページ

一 (1) 風吹キ雲流ル。 (2) 大器ハ晩成ス。
(3) 仁ハ人ノ心也。 (4) 此レ則チ寡人之罪也。
(5) 項王曰ハク、「諾ト」。

二 (1) [2]レ [1] [4]レ [3]。 (2) [3]二 [1] [2]一。
(3) [5]三 [1] [4]二 [2] [3]一。 (4) [4]二 [2]レ [1] [3]一。
(5) [2]レ [1] [3] [6]二 [4] [5]一。 (6) [1] [5]二 [2] [4]一レ [3]。
(7) [5]下 [3]二 [1] [2]一 [4]上。
(8) [7]下 [3]二 [1] [2]一 [6]中 [4] [5]上。
(9) [6]下 [3]二 [1] [2]一 [5]上レ [4]。 (10) [4]二‐ [5] [2]レ [1] [3]一。
(11) [4]二 [1] [2] [3]一 [5] [7]二‐ [8] [6]一。

三 (1) 少年老い易く、学成り難し。
(2) 羊頭を懸けて、狗肉を売る。
(3) 先んずれば即ち人を制し、後るれば則ち人の制する所と為る。
(4) 快刀を揮って乱麻を断つがごとし。
(5) 天下の英才を得て之を教育す。

解説

一 (1)・(2)は、下の読みの平仮名をそのままつけるとよい。(3)は、「也」が日本語の助動詞「なり」にあたるので、「ナリ」と送り仮名はつけない。(4)は、「之」が助詞「の」、「也」が助動詞「なり」にあたるので送り仮名は不要。(5)は、会話文を示す「　」に注意する。終わりに必ず「……ト」。と「ト」をつけることを忘れないように。

二 返り点のついていない最初の□からスタートする。あとは、レ点→一二点(三四…と続く場合もある)→上中下点(中がない場合もある)の順に読み進めるとよい。また、レ点は下の字からすぐ上の字に返る、一二点は二字以上離れた下の字から上の字に返って読むという原則も頭に入れておく。

・レ点 □レ ■ → [2]レ [1] (■からスタートする)

・一二点 □二 ■ □一 → [3]二 [1] [2]一

・上中下点 □下 □二 ■ □一 □中 □ □上 [7]下 [3]二 [1] [2]一 [6]中 [4] [5]上

(6)は、一レの読む順に注意する。まずレ点で下の一字から返り、次に一点があるから、二点のついている漢字へ返る。(9)は、上レの読む順は一レと同様に、レ点で下から返り、次に下点のついている漢字へ返る。(10)は、□二‐□で二字の熟語を表すので、一点のついている漢字から返って、□二‐□をセットで読む。

三 (1)は、レ点のみ、(2)は、一二点のみだから、順番に読んでいくとよい。句読点もそのまま書き写すようにする。漢字の読み方(振り仮名)は解答につけなくてよい。(3)は、一レがあるから、制スル→所ト と読み、次に二点に返って、制スル→所ト→為ル と読む。(4)は、一二点のついている字に注目し、快刀ヲ→揮ツテと読み、次に上中下点に従って、乱麻ヲ→断ツガ→如シと読む。なお、「如シ」は日本語の助動詞にあたるので平仮名で書き表す。(5)は、「教ニ育ス」を「教育す」と熟語として読む。

口語訳

一

(1) 風が吹き、雲が通り過ぎて行く。

(2) 大きな器は、ゆっくりと完成する。（大人物は若いころは目立たず、年をとってから大成することのたとえ）

(3) 仁は人間がだれでも持っている良心である。

(4) これはつまり私の（犯した）罪である。

(5) 項王が言った、「承知した」と。

三

(1) 若いと思っているうちに、すぐに老人になってしまう、（それに反して）学問はなかなか完成しない。

(2) （看板には上等な肉である）ヒツジの頭を懸けておき、（店内では質の悪い）イヌの肉を売る。

(3) 先手を打てば人を抑えることができるし、後手に回ると他人に抑えられてしまう。

(4) すばらしい刀を振るって、乱れもつれた麻を切っていくようなものだ。

(5) 国中の才能のある者を集めて、彼らを教育する。

《ステップアップ▼甲乙丙点の使用例文》

返り点のうち、めったに出てこない「甲乙丙点」が、二〇〇二年度の大学入試センター試験に出ているので、参考までに引用しておく。この問題では「丁」まで使われているが、甲→乙→丙→丁の順で読んでいくとよい。

某見ニレバ人家ノ子弟ノ醇謹及ビ俊敏ナル者ヲ一、愛スルコトレ之ヲ不丁啻ダニ如クニ常人之愛スルガレ宝ヲ、唯ダ恐ルルノミナラ丙其ノ埋没及ビ傷乙損スルヲ之ヲ甲、必ズ欲スレ使メントニ之ヲシテ在ラ二尊貴之所一。

読 某人家の子弟の醇謹及び俊敏なる者を見れば、之を愛すること啻だに常人の宝を愛するがごとく、唯だ其の埋没及び之を傷損するを恐るるのみならず、必ず之をして尊貴の所に在らしめんと欲す。

訳 私は他人の子供が素直でつつしみ深く、頭がよくて行動がすばやいのを見ると、その子供を愛する気持ちは、ただ単に普通の人が宝を愛するように、その子供の才能が埋もれて損ない傷つけられることを恐れるばかりでなく、必ずその子供を高い地位につかせてやりたいと思う。

2

解答●6ページ

一

(1) 百里を行く者は、九十を半ばとす。

(2) 鹿を逐ふ者は山を見ず。

(3) 虎穴に入らずんば、虎子を得ず。

(4) 人皆人に忍びざるの心有り。

二

(1) 人知らずして慍らず。

(2) 不死の薬を荊王に献ず。

(3) 小人の学は、耳より入り、口より出づ。

(4) 吾十有五にして学に志す。

(5) 天下に王たるは、与かり存せず。

4

解説

一 (1)は、漢字はそのまま漢字に、送り仮名は平仮名にするとよい。句読点も漢文通りに書き写すこと。(2)は、「不」が打消の助動詞「ず」にあたるから平仮名にする。(3)は、二つの「不」は助動詞であるから平仮名にする。「ずんば」は、「ずは」(打消の助動詞「ず」の連用形に係助詞「は」のついたもの)を強調した形で、ここは仮定(もし…でないなら)を表す。(4)は、「不」が助動詞、「之」が助詞にあたるから平仮名にする。「不」には「る」の送り仮名がついているから、打消の助動詞「ず」の連体形の「ざる」と読む。「之」は「の」と読む。

二 (1)は、「而」が置き字になる。「人が自分のことを知らないけれども怒らない」という文脈になるから、逆接の接続詞のはたらきになる。二つの「不」は助動詞であるから平仮名にする。(2)は、「於」が置き字になる。「死なない薬を献上する」と動作の対象を表している。「之」は助詞の「の」にあたるから平仮名にする。なお、「不死」は熟語(「不老不死」という四字熟語がある)だから漢字のままでよい。(3)は、二つの「乎」が置き字になる。「耳から入り、口から出す」と場所を表している。「之」は助詞の「の」にあたるから平仮名。(4)は、「而」と「于」が置き字。「而」は、「十五歳で」と時を表しながら後ろにつないでいる。「于」は、志した対象が学問であったことを表す。(5)は、「焉」が置き字になる。「関係がないのだ」と断定を表す。

《ステップアップ▼「而・於・乎・焉」を読む場合》

而

句や文の最初にきたときや、文中でも特に強調したいときには読む場合もある。(而・而・而)

例 結レ廬在ニ人境一／而無ニ車馬喧一

読 廬を結びて人境に在り／而も車馬の喧しき無し

訳 粗末な家を作って、人里の中に住んでいる。／それでも、車やウマの騒がしさはない。

※漢詩の一部(陶潜「飲酒」)のため、句読点が無い。／は句の切れ目を表す。

於

ある事柄や人物に係りのある意を表す「…に対して・…に関して」などのときは「おイテ」と読む場合もある。

例 於レ物無レ不レ陥也。

読 物に於いて陥さざる無きなり。

訳 どんなものに対してでも突き通さないものはない。

乎

文末にあって疑問や反語の意味を表すときに「か」「や」と読む場合もある。(次の「不ニ亦――一乎」で反語形)

例 不ニ亦説一乎。 **読** 亦た説ばしからずや。

訳 なんと喜ばしいことではないか。

焉

疑問形の理由では「いづクンゾ」、場所では「いづクニ」と読む。反語形のときは「いづクンゾ――ン(ヤ)」と読む。

例 割レ雞焉用ニ牛刀一。〈反語〉

読 雞を割くに焉くんぞ牛刀を用ひん。

訳 ニワトリをさばくのに、どうしてウシを切り開く刀を使う必要があろうか、いや、使う必要はない。

3

一 **解答**●8ページ

(1) 未だ嘗て敗北せず。
(2) 将に其の食を限らんとす。
(3) 当に勉励すべし。
(4) 猶ほ左右の手のごとし。

(5) 須らく礼義を重んずべし。
(6) 宜しく高位に在るべし。
(7) 盍ぞ爾の志を言はざる。

二 a ぜひ　b する必要がある　c きっと　d だろう
e いまにも(これから)　f する　g のがよい
h どうして　i ないのか

三 (1) ちょうど子供が父親に仕えるようなものである。
(2) 老いることがこれからやってくるということも気づかない。

解説 再読文字は、読み方だけでなく訳し方もセットで覚えるようにする。特に、「**将**」・「**且**」と「**当**」・「**応**」は、ともに最初に読む副詞の部分は「まさニ」と読むが、二度目の読み方が違うので、混乱しないように正確に覚えるようにする。

一 (1)は、まず「未だ」と読み、二度目は「敗北せ」のあとに「ず」と読む。(2)は、まず「将に」と読み、二度目は「限らんと」のあとに「す」と読む。(3)は、まず「当に」と読み、二度目は「勉励す」のあとに「べし」と読む。(4)は、まず「猶ほ」と読み、二度目は「手の」のあとに「ごとし」と読む。なお、「之」は助詞「の」にあたるから平仮名で書く。(5)は、まず「須らく」と読み、二度目は「重んず」のあとに「べし」と読む。(6)は、まず「宜しく」と読み、二度目は「在る」のあとに「べし」と読む。なお、「宜」を「宣」と書き間違えないように注意する。(7)は、まず「盍ぞ」と読み、二度目は「言は」のあとに「ざる」と読む。

二 (　)の部分は、再読文字の訳し方がそのままあてはまるようになっている。(4)の「宜」は、訳し方は「――するのがよい」であるが、空欄gの直前が「改める」と行為を表しているから、訳し方の「する」の部分は省略できる。(5)の「盍」も訳し方は「どうして――しないのか」であるが、空欄iの直前が「返ら」と行為を表しているから、訳し方の「し」(「する」の未然形)の部分は省略できる。文末の「矣」は置き字で疑問を表す。

三 (1)の再読文字「猶」に送り仮名をつけると「猶(ホ・キ)」となる。「也」は助動詞「なり」にあたるから、書き下し文では平仮名になる。なお、「猶」の二度目は「也」(断定の助動詞「なり」)で、活用語には連体形接続に続くため、「ごときなり」となる。「事(ツカフル)」は、傍線部の前にもあり、**訳**に「仕える」とあることを参考にする。(2)の「将」は「ルヲ」だけ送り仮名がついているが、「将に――するを」と読まなければいけない。「不」は助動詞「ず」、「之」は助詞「の」にあたり、書き下し文では平仮名になる。

読み方
三 (1) 臣の君に事ふるは、猶ほ子の父に事ふるがごときなり。
(2) 老いの将に至らんとするを知らず。

《ステップアップ▼再読文字の送り仮名のつけ方》

再読文字の送り仮名は、本によって次の二通りがある。どちらかに統一して覚えておけば、どちらでもよい。本書では①のつけ方に統一している。(平仮名は参考までにつけてある。)

	未	未	将	将	当	猶	須	宜	盍
①	未(いまダ)(ず)	未(いまダ)(ざル)	将(まさニ)(す)	将(まさニ)(しテ)	当(まさニ)(べシ)	猶(なホ)(ごとシ)	須(すべかラク)(べシ)	宜(よろシク)(べシ)	盍(なんゾ)(ざル)
②	未(いまダ)(ズ)	未(いまダ)(ザル)	将(まさニ)(ス)	将(まさニ)(シテ)	当(まさニ)(ベシ)	猶(なホ)(ゴトシ)	須(すべかラク)(ベシ)	宜(よろシク)(ベシ)	盍(なんゾ)(ザル)

4 **解答** ●10ページ

一

a レ　b レ　c 二　d 一　e 二　f 一

g レ　h レ　i 二　j 一　k レ　l 二

m 一　n レ　o レ　p レ　q レ　r レ

s 二　t 一　u 二　v 一

解説

「転(ジテ)レ禍(わざはひヲ)為(ス)レ福(ト)。」(禍を転じて福と為す。)のように、漢文では「ヲ・ニ・ト・ヨリ」などがついていると、下から上に返って読むが、ここではこれらの送り仮名がなくても下から上へ返って読む返読文字を扱っている。助動詞や助詞にあたる文字(本冊10・11ページ下段の①⑤⑥⑧⑨⑩⑪)が多いのは、日本文は付属語(助動詞・助詞)だけでは文節になれず、必ず自立語(動詞・名詞など)の後についているという付属語の特徴を思い出せば納得できるだろう。返読文字には助動詞や助詞にあたる文字以外のものもあり、本冊の下段で扱った以外は、このページの下段「ステップアップ」でまとめてあるので参考にして欲しい。

一 返り点の原則である、

レ点…下の字から、すぐ上の字に返って読むことを示す。

一二点…二字以上離れた下の字から、上の字に返って読むことを示す。

を思い出す。⑾の「与」を「と」と読む読み方に慣れるようにする。「与」は「**A与(ト)レB**」の形で「**AトBと**」と読むパターンで出てくることが多い。⑾はAが省略された形である。⑿は、「所以」と中間の「-」がない場合もあるが、どちらも同じに考えてよい。ここは、「視(み)ル」という動詞を「見るところのもの」と体言化(名詞化)するために「所以」が使われている。

読み方

一

(1) 往く者は追はず、来たる者は拒まず。
(2) 人は木石に非ず。
(3) 左右皆泣き、能く仰ぎ視るもの莫し。
(4) 過てば則ち改むるに憚ること勿かれ。
(5) 人をして描かしむ。
(6) 我欺かる。
(7) 君子と雖も免れず。
(8) 光陰軽んずべからず。
(9) 病ひは口より入る。
(10) 淡きこと水のごとし。
(11) 朋友と交はる。
(12) 目は視る所以なり。

《ステップアップ▼本冊で扱った以外の返読文字》

為　読 ためニ　訳 ――のために(目的・原因)
読 たり　訳 ――である(断定)

例 為(ためニ)レ子(しノ)先行(セン)。 読 子の**為に**先行せん。 訳 あなたの**ために**前を行きましょう。

例 彼(ハ)為(たリ)二賢人一。 読 彼は賢人**たり**。 訳 彼は徳のある人**である**。

多　例 多(おほシ)二苦辛一。 読 苦辛**多し**。 訳 苦労が**多い**。

少　例 少(すくなシ)二有能之士一。 読 有能の士**少し**。 訳 すぐれた人材が**少ない**。

有　例 人生有(あリ)二生死一。 読 人生生死**有り**。 訳 人生には生と死が**ある**。

毎　例 毎(ごとニ)レ戦(フ)必(ズ)勝(ツ)。 読 戦ふ**毎に**必ず勝つ。 訳 戦う**たびに**必ず勝つ。

難　**易**

例　少年易レ老、学難レ成。

読　少年老い易く、学成り難し。

訳　解答編3ページ上段三(1)参照。

所

例　己所レ不レ欲、勿レ施ニ於人一。

読　己の欲せざる所、人に施すこと勿かれ。

訳　自分の望まないことは、他人にもしてはいけない。

※「所」は、場所を表すよりも、下の語を体言化(名詞化)するはたらきをする。(――のこと・――のもの)

※右の例には、「所」以外に「不」「勿」の二つの返読文字がある。

5

解答　●12ページ

一　(1)　食らはざれば其の旨きを知らざるなり。
(2)　別に天地の人間に非ざる有り。
(3)　義を見て為さざるは、勇無きなり。
(4)　己の欲せざる所、人に施すこと勿かれ。

二　a　追はない　b　拒まない　c　石ではない　d　大きな魚はいない　e　笑ってはいけない

三　(1)　人間ではないのである　(2)　友達にしてはいけない

解説　否定や禁止を表す漢字は、下から必ず上に返って読む返読文字であることを覚えておくと、返り点がなくても読む順の見当がつくようになり、白文を書き下し文に直すときなど便利である。

一　(1)は、「弗・不・也」が助動詞にあたるから平仮名で書く。(2)の「非ザル」は「あらザル」と読み、「あら」は動詞「有ら」と同じだから漢字のままにしておく。なお、「**人間**」は漢文で出てきたら「**じんかん**」と読むことがほとんどであるから、「にんげん」と読まないように注意する。「俗世間」(俗人の住むこの世の中)という意味で使われる。漢文重要単語の一つだから、特に読み方は覚えておく(本冊43P)。(3)は、「不・也」は助動詞だから平仮名になる。「無キ」は形容詞になるから漢字のままでよい。(4)は、「不」だけが平仮名。「勿カレ」は形容詞になるから漢字のままでよい。なお、「**於**」は対象を表す置き字(本冊7P)だから書き下し文では書かない。

二　(1)から(3)は、単純な否定の形で、(4)は、禁止の形である。否定の「なシ」と禁止の「なカレ」の違いを正確に口語訳するように注意を払う。

三　(1)の「非」は、「也」(断定の助動詞)に続くから「非ザル」と連体形に読む。(2)の「無」は、「自分に及ばない者を」の後に続くので、禁止になる。したがって、「無レ友」と読むとよい。

読み方　三　(1)　是非の心無きは、人に非ざるなり。
(2)　己に如かざる者を友とする無かれ。(「如か」は動詞「如く」〈及ぶ・肩をならべる〉の未然形だから漢字表記になる。)

6

解答　●14ページ

一　(1)　ニハ　(2)　ズシモ　(3)　ダシクハ　(4)　タ

二　(1)　どちらも生き残るとは限らないだろう。
(2)　全部信じることができるとは限らない。
(3)　いつも油を手に入るとは限らない。
(4)　いつも油を手に入れることができない。

解説

一 いずれも否定の「不」が副詞（常・必・甚・復）の上にあるから、部分否定の構文になっている。部分否定の読み方は決まっているので、正確に覚えるようにする。(4)の「復夕」は、部分否定も全部否定（単なる否定）も送り仮名は「夕」となるが、「不」の位置によって違いを識別することができる。

二 (1)〜(3)が部分否定で、(4)が全部否定の構文である。(3)と(4)を参考にして、「常」の送り仮名や「不」の位置の違いなどをしっかり頭に入れておく。(3)は、時には油を手に入れることもできるが、(4)は、まったく手に入れることができないことを表している。よく出題されるのは、圧倒的に部分否定の構文である。(1)は、「不」の送り仮名に「ラン」という推量の助動詞があるので、口語訳は「…だろう」と答えることに注意する。(2)の「可カラ」は、可能の助動詞「べし」の未然形にあたるので、書き下し文では平仮名にする。

読み方

一
(1) 伯楽は常には有らず。
(2) 言有る者は、必ずしも徳有らず。
(3) 水流甚だしくは急ならず。
(4) 去りて、復た与に言はず。

《ステップアップ▼全部否定の例文》

① 伯楽常ニ不レ有ラ。
読 伯楽は**常に**有ら**ず**。
訳 伯楽は**いつも**い**ない**。

② **必**ズ**不**レ有ラレ徳。
読 **必ず**徳有ら**ず**。
訳 **必ず**徳をそなえてい**ない**。

③ 闘ハバ**倶**ニ**不**レ生キ。
読 闘はば**倶に**生き**ず**。
訳 闘ったら**どちらも**生きられ**ない**。

④ **尽**ク**不**レ信ゼ。
読 **尽く**信ぜ**ず**。
訳 **全部**信じ**ない**。

⑤ 水流**甚**ダ**不**レ急ナラ。
読 水流 **甚だ**急なら**ず**。
訳 水流は**まったく**急で**ない**。

⑥ **復**タ**不**ニ与ニ言一ハ。
読 **復た**与に言は**ず**。
訳 **今度も**一緒に話さ**ない**。

7 **解答** ●16ページ

一
(1) 物に於いて陥さざる無きなり。
(2) 命に非ざるは莫きなり。
(3) 寒きを悪まざるに非ざるなり。
(4) 未だ嘗て見ゆるを得ずんばあらざるなり。

二
(1) 知らなくてはならないのだ。
(2) 多くないとはいえない。
(3) 話さずにはいられない。

三 a シ　b ル　c ダ　d テ　e ンバアラ

四
(1) 兵士でないものはない。
(2) できないわけではないのだ。

解説 二字で二重否定を表す句形には、「無（莫）・不・非（匪）」の組み合わせにより、微妙に読み方が違っているので正確に読めて訳せるようにしておくことが大切である。また、書き下し文にするときには、「不」は助動詞にあたるから仮名書きにするが、「無」は形容詞、「非」は動詞にあたるため、漢字表記になる。

一 (1)は、文末に「也」(断定の助動詞にあたる)があるから、「無」に続けて「無きなり」と読む。(2)〜(4)も文末に「也」があるから同様に考える。(2)の「命」は、**訳**の「天の命令」にあたるから、「めい」と読み、「いのち」とは読まない。(3)の「**悪**」は、「憎」と同じ意で使われている。漢文には時々出てくるから、「悪」とあったら「**ニクむ**」と読むかどうかチェックする。(4)の「未嘗不」は、三字の二重否定の代表的な例である。「不」の送り仮名「ずンバアラ」に注意し、漢文口調に慣れるようにする。もちろん、口語訳も正確に言えるようにする。

二 二重否定とは強い肯定表現であるから、二重否定のあとに続く(1)の「知」、(2)の「多」、(3)の「語」を強調していることになる。訳し方は、本冊の下段に示した**訳**の通り言えるように、公式のつもりでしっかり覚えること。(1)は、文末に断定の「也」があるため、**解答**では、「——なら<u>ないのだ</u>」としておいたが、傍線部はなくてもよい。

三 (1)の「無(なシ)」の「な」、「不(ざル)」の「ざ」の部分は漢字に含まれているから送り仮名を答えるときは含めないように注意する。

四 (1)の「無非」を、「あらザルハなシ」と読んでもよい。(2)の「非不」は下の「也」に続くから、「ざルニあらザルなり」と「ズ」を活用させて連体形に読む。「也」があるため**解答**で「——わけではな<u>いのだ</u>」としておいたが、傍線部はなくてもよい。

読み方

三 (1) 其の親を愛するを知らざる無し。
(2) 之を読みて未だ嘗て嘆息せずんばあらず。

四 (1) 湖山の間兵に非ざる者無し。
(2) 為さざるなり。能はざるに非ざるなり。

《ステップアップ▼特殊な否定形》

これまで取りあげた否定形のグループには入らないが、特別な形の否定形として次の句形がある。

不ニ敢ヘテ——一 **読** あへテ——ず **訳** 決して——ない

例 **側メテ目ヲ不ニ敢ヘテ見一。**

読 目を側めて敢へて見ず。

訳 目をそらして決して見ない。

※「敢ヘテ不ランヤ——一」(あへテ——ざランヤ)は形は似ているが、反語形である。(本冊25P)

8

一 **解答** ●18ページ

a 何ぞ由を哂ふ。 b どうして由のことを笑うのか。
c 何をか憂ふ。 d なにを心配するのか(嘆くのか)。
e 何れの処にか宿するを。 f どんな所に泊まるのかを。
g 君悪くにか在る。 h あなたはどこにいるのか。
i 安くんぞ項伯と故有る。
j どうして項伯と知り合いなのか。
k 孰か之を与ふ。 l だれがこれを与えたのか。
m 孰れか重き。 n どちらが重大か。
o 何為れぞ去らざるや。 p どうして立ち去らないのか。
q いかん。 r どうしようか。
s いかん。 t どうか。
u 何を以てか異なる。 v どうして違っているのか。

w いくばくぞ。 x どれくらいか。

二 (1) ウ　(2) ア　(3) イ　(4) エ

解説 同じ漢字でも送り仮名によって読み方や意味が違うので、何度も復習して正確に覚えておく必要がある。

一 (1)の「何ゾ」は理由を問うている。なお、「**夫子**（ふうし）」は男子の敬称として使われるが、特に孔子（こうし）のことをさすこともある。この文は弟子が孔子に向かって質問しているところなので、「夫子」を「先生」と訳した。(2)の「何ヲカ」は内容を問うている。「憂フ」は、「心配する」でも「嘆く」でもよい。(3)の「何レノ」は場所を問うている。「処」は「所」と同じと考えてよい。(4)の「悪クニカ」は場所を問うている。「悪」を「いづクニカ・いづクンゾ」と読むことに慣れるようにする。(5)の「安クンゾ」は理由を問うている。「**与**」を「と」と読むことも覚えておく。助詞にあたるから書き下し文に直すときは平仮名にする。(6)の「孰カ」は人物を問うている。「孰」も「誰」も「たれカ」と濁音にならないことに注意する。ここの「与」は「フ」と送り仮名がついているので「あたフ」と読む。(7)の「孰」の送り仮名が「レカ」になっていることで、(6)と読み方が違うということに気づかなければいけない。「いずレカ」と選択を問うている。ここの「**与**」は(5)と同じ用法である。この読み方も重要であるから覚えるようにする。(8)の「何為レゾ」は理由を問うている。「也」には「や」と振り仮名がついているので、疑問を表す助詞の「や」になる。「何為レゾ——也ャ」で疑問のニュアンスが強まった表現になっている。(9)の「如何」は手段や方法を問うている。これに対して、(10)の「何若」は「賢さ」の程度を問うている。(9)と(10)は漢字の配置(特に「如何」と「何如」や「若何」と「何若」)の違いで意味が異なるので、混乱しないよう正確に覚えておくこと。(11)の「何以テカ」で理由を問うている。(12)の「幾何」は分量を問うている。読み方も設問になることがあるので覚えておく。

二 (1)と(4)の送り仮名の違いに注目する。(1)の「弟子」は「でし」とは読まないことに注意。(2)は「何為レゾ」は「どうして」と聞いている。(3)は「何日レノカ」で判断できる。(4)の「**女**」を「**汝**」と同じに「**なんじ**＝お前」と読むことに注意する。「**与**」は助詞の用法。「也」は傍注にも示したように置き字であるから読まない。

読み方

三
(1) 弟子（ていし）、孰（たれ）か学（がく）を好（この）むと為（な）す。
(2) 先生何為（せんせいなんす）れぞ此（こ）の言（げん）を出（い）だす。
(3) 何（いず）れの日（ひ）か是（こ）れ帰年（きねん）ならん。
(4) 女（なんじ）と回（かい）とは、孰（いず）れか愈（まさ）れる。

口語訳

三
(1) 門人の中で、だれが学問を好きだといえるか。
(2) 先生はどうしてこのようなことを言われたのか。
(3) いつになったら故郷に帰れるのだろうか。
(4) お前と回(孔子の弟子の顔回（がんかい）のこと)とは、どちらがすぐれているか。

《ステップアップ▼「誰（たれカ）」と「誰（たガ）」の使い分け》

人物を問う「誰カ」は、「だれカ」とは読まず、必ず「たれカ」と読むことは、本冊でも触れてある。これに対して、「だれの」という意味の場合は、次のように、「たガ」と読む。

例 **誰**（たガ）為ニ鐘ハ鳴ル。（**だれの**ために鐘が鳴るのか。）

9 **解答** ● 20ページ

一 (1) 窮すること有るか。(2) 会稽の恥を忘れたるか。
(3) 雲か山か。(4) 親有りや。
(5) 治まるか、治まらざるか。
(6) 何ぞ我と決せざるや。(7) 今安くに在りや。

二 (1) や　(2) か

解説 疑問形は、**8**で学習した疑問詞と、ここで扱った疑問の助字が基本になる。疑問詞と疑問の助字の幾通りかの組み合わせがあるが、口語訳は疑問詞単独の用法と変わらない。なお、**10**で学習する反語形と、ここまで学習してきた疑問形とは、用いられている漢字はほとんど同じであるから、混乱しないためには疑問形を正確に覚えておくことが大切である。

一 文末の助字を「か」と読むか「や」と読むかは、その上に続く漢字の送り仮名によって決まる。ただし、「与・歟」は上にくる活用形に関係なく「か」と読むと覚えておくとよい。(1)は、「有る」(ラ変動詞「有り」の連体形)に続くから「か」と読む。なお、「**君子**」は徳の高い立派な人のことを指す重要語。また、「**亦**」は「又・復」と同じく「まタ」と読む(本冊39P)。「窮スル」は「困窮」という熟語を思い出す。(2)は、「忘れ／たる」(「たる」は完了の助動詞「たり」の連体形)に続くから「か」と読む。「之」は助詞にあたるから、書き下し文では平仮名で書く。「**女**」を「**なんじ**」と読むのは19ページにも出てきた。覚えておこう。(3)の二つの「耶」は、「雲・山」と名詞(体言)に続いているから「か」と読む。(4)は、「有り」(ラ変動詞「有り」の終止形)に続くから「や」と読む。(5)は、「歟」があれば「か」と読むと覚えておく。(1)〜(5)は、文末の疑問の助字の例である。(6)と(7)は疑問詞とのセットの例になる。(6)は、「何ゾ…乎」でセットになっている。「乎」の前の「ざる」(打消の助動詞「ず」の連体形)は「何ぞ…ざる」で係り結びで文が終わっているため「乎」は「や」と読む。なお、「**与**」を「**と**」と読むことはこれまでにも何度か出てきた。(7)は、「安クニ…哉」でセット。「哉」の前は「在り(「有り」と同じ)」(ラ変動詞「在り」の終止形)に続くから「いづクニ…や」と読む。(6)や(7)のように疑問詞と文末の助字のセットは係り結びの法則が成り立つので「や」と読むと覚えておく。

二 20ページ下段の**例**の応用問題である。(1)は、「無キ」を「無シ」に、(2)は、「非ズ」を「非ザル」と送り仮名が替えてある。(1)は形容詞「なし」が連体形から終止形に、(2)は「あら／ず」の助動詞の部分が終止形から連体形になっているから、連体形は「か」、終止形は「や」と読むルールをあてはめて答えるとよい。なお、(2)の「**故人**」は、日本語のイメージと違い、「**昔なじみ・旧友**」の意で使われるので、覚えておくべき重要語(本冊43P)。

読み方

二 (1) 馬無しや。
(2) 吾が故人に非ざるか。
20ページ下段**例** 右から
○馬無きか。(ウマはいないのか。)
○吾が故人に非ずや。(私の旧友ではないのか。)
○何ぞ苦しみて盗を為すや。(どうして苦労して盗みをするのか。)

《ステップアップ▼二字の疑問詞＋助字のパターン》

本冊では、疑問詞＋助字の例として、よく出てくる疑問詞が一字のケースをあげておいたが、次のように疑問詞が二字のパターンもある。

例 何為不レ去也。（本冊19P 一(8)）

例 何以知二其然一也。

読 何を以て其の然るを知るや。

訳 どうしてそういうことがわかるのか。

10

解答●22ページ

一
(1) 与に言ふべけんや。
(2) 何ぞ福と為らざらんや。
(3) 焉くんぞ牛刀を用ひん。
(4) 誰か死無からん。

二
(1) 孝行と言うことができるだろうか、いや、言うことができない。
(2) どうして川を渡ることをしようか、いや、渡ることはしない。
(3) どうして学ばないことがあろうか、いや、学ばないことはない。
(4) だれが過ちのない者がいようか、いや、だれもいない。
(5) どうして楽しまないことがあろうか、いや、楽しまないことはない。

解説 反語形とは、「――だろうか」と疑問の形で問いかけておいて「いや、――でない」と、それを強く否定する言い方である。したがって、疑問形と反語形は同じ形のものが多いが、「――ン(ヤ)」で訓読が終わる場合は反語形と判断してよい。また、反語形の口語訳は「――か」で止めると疑問か反語かあいまいになる恐れがあるため、「――か、いや、――でない」というパターンを身につける。特に、答案として書くときは十分に気をつける。

一 (1)は、助字「哉」が反語形と判断できるのは、その直前に読む「べケン」とセットで「ンや」というパターンになっているからである。「――ベケンや」で不可能を表す言い方は漢文に出てくることが多いので覚えておく。(2)は「何ゾ――ン乎」で反語形になっているパターン。(3)は、「焉クンゾ――用ヒン」で反語形。「焉」はよく出てくるので、振り仮名がなくても読めて訳せるようにしておく。(4)は、「誰カ――無カラン」で反語形。「誰」を「タレ」と読めるように慣れておく。

二 (1)は、「――可ケン乎」で反語形。一の(1)と同じパターン。(2)は、「何ゾ――為サン」が反語形。(3)は、「安クンゾ――ざラン」が反語形。(4)は、「誰カ――無カラン」が反語形。(5)は、「何為レゾ――ざラン」が反語形。いずれも、「いや、――でない」のパターンにあてはめた訳し方をすること。

11

解答●24ページ

一
(1) 若を奈何せん。
(2) 豈に敢へて反かんや。
(3) 敢へて走らざらんや。
(4) 亦た説ばしからずや。

二
(1) 年老いていくのをどうしようか、いや、どうしようもできない。

(2) どうして千里(の道)も遠いと思おうか、いや、思わない。
(3) どうして心の中で恥じないことがあろうか、いや、恥じないことはない。
(4) どうして敬わないことがあろうか、いや、必ず敬う。
(5) なんと楽しいではないか。

解説 疑問形と反語形は同形のものが多いが、本冊25ページの下段でまとめてある⑪～⑭の4つのパターンは反語形にしかないものである。特に、次の「ステップアップ」に示したように、まぎらわしい形もあるので、読み方と訳し方を正確に覚えておく必要がある。

一 (1)は、「奈何」の間に目的語が入った形。こういう形にも慣れるようにする。「若」を「**なんじ**＝お前」と読むことも覚えておく。(2)は、「豈ニ――反カン乎」で反語形。(3)は、「敢ヘテ――ざラン乎」で反語形。直前の「而」は置き字。(4)は、本冊25ページ下段でも触れた通り、やや特殊な形で、「――ン」がなくても反語形になる。口語訳も「なんと――ではないか」という独得な訳し方になることにも注意する。

二 (3)以外は**一**で出てきた反語形のパターンと重複している。(3)は、「独リ――ざラン乎」で反語形。「於」は置き字。

《ステップアップ▼反語形とまぎらわしい形》

反語形独自のパターンのうち、A **豈ニ――ン(乎)** と似た形に B **豈ニ不ニ――一哉** というのがある。Bは「豈に――ずや」と読み、「なんと――ではないか」と訳し、詠嘆(感嘆)を表す。

例 豈ニ不レ悲シカラ哉。 **読** 豈に悲しからずや。 **訳** なんと悲しいことではないか。

C **敢ヘテ不ニ――一(乎)** と似た形に D **不ニ敢ヘテ――一** というのがある。Dは「敢へて――ず」と読み、「決して――しない」と訳し、強い否定を表す。

例 側メテレ目ヲ不ニ敢ヘテ見一。 **読** 目を側めて敢へて見ず。

訳 目をそらして決して見ようとしない。

12 **解答**●26ページ

一 a ム　b ヲシテ　c ム　d ヲシテ　e メ　f ジテ　g ニ　h セシム

二 a 子路をして之に(を)問はしむ。
b 子路にこれをたずねさせる。
c 使者をして趙王に告げしむ。
d 使者をやって趙王に告げさせる。
e 人を遣はして往きて看しむ。
f 人を派遣して行って見させる。

解説 「AにBさせる」という形が基本で、ほかの者(A)に、ある動作(B)をさせる意味になる。「Aヲシテ」という使役形独得の言い方にも慣れるようにする。「B(セ)シム」のBの活用形は、未然形に接続する「しむ」に続いているから未然形になることにも注意する。また、カッコの中に「セ」とあるのは、サ変動詞「為」の未然形の「セ」であることを表している。

■一 (1)は、使役形の例文としてよく引用される漢文である。「Aヲシテ B(セ)シム」にあてはめると、Aにあたるのが「我」で、Bにあたるのが「百獣ニ長タラ」である。なお、「天帝」は主語になり、AにもBにもあたらない。■二の(2)の「秦王」も同じように主語になっている。(2)は、(1)と同じパターンだから、「令」を使役のパターンに合わせて「令ム」と読む。Aにあたるのが「項羽」で、Bにあたるのが「攻レ秦ヲ」であるから、「攻」の送り仮名にあたる活用形は、終止形「攻ム」の未然形「攻メ」の「メ」を送ることになる。(3)は、「命ジテ二A一B(セ)シム」のパターンである。Aにあたるのが「故人」(この語はすでに数回出てきているので、漢文独得の意味は分かるはずである)で、Bにあたるのが「書レ之」である。「書」の空欄が3つあることに注意する。「書シム」ではない。「書」を動詞として読むと終止形は「書ス」となり、その未然形だから「書セ」で、それに使役の「シム」を送るから、「書セシム」が正解になる。なお、(2)で使役形に「令」が使われているが、書き下し文に直すときは助動詞にあたるから「しむ」と平仮名になり、(3)の「命」は動詞にあたるから「命ジテ」と漢字になることにも注意する。

■二 送り仮名を省略してあるため、むずかしかったかも知れないが、送り仮名を省略した漢文を読ませたり訳させたりすることはよくあることなので、徐々に慣れるようにしていこう。(1)は、「使ム二Aヲシテ一B(セ)」のパターン。Aにあたるのが「子路」、Bにあたるのが「問レ之」である。書き下し文では「使」を仮名書きにすることを忘れないようにする。(2)も(1)と同じパターンになっている。「使」が二つ続くが混乱しないように、パターンをしっかり思い出そう。Aにあたるのが「使者」、Bにあたるのが「告ニ趙王ニ」である。秦王が使者を趙王のところへやっているのだから、「趙王」の送り仮名は「告」に続けるためには「ニ」と送るとよい。「告」の終止形は「告グ」で、「しム」に続けるためには未然形「告ゲ」と活用させ、「告ゲシム」と読む。(3)は、「命ジテ二A一B(セ)シム。」の応用形。「遣」は「派遣」という熟語を思い出し、「遣ハス」と読めるようにしておく。本冊26ページ下段にもあげてあるが、「遣」の場合は「遣ニA一ヲ」と、Aにあたる部分の送り仮名は「ヲ」になることに注意する。Aにあたるのが「人」、Bにあたるのが「往キテ看」である。返り点がついていないので、「往きて看」まではそのまま読み、「看」に使役を表す「シム」をつけて「往きて看シム」と読む。

読み方

■一
(1) 天帝我をして百獣に長たらしむ。
(2) 項羽をして秦を攻めしむ。
(3) 故人に命じて之を書せしむ。

13 **解答**●27ページ

■一
(1) 信にして疑はれ、忠にして謗らる。
(2) 厚き者は戮せられ、薄き者は疑はる。
(3) 人を欺く者は、却って人の欺く所と為る。
(4) 窮する者は常に人に制せらる。

解説 **12**で学習した使役形とここの受身形とは、覚えるべきパターンは多くはないが、漢文にはよく出てくる句形であるから、しっかり覚えておく必要がある。「見」を「る」と読むか、「らる」と読むかは、次のように使い分ける。これは、古典文法の「る」「らる」の接続と同じ使い分けになっている。

〈「る」「らル」の使い分け〉

る　……四段・ナ変・ラ変動詞の未然形につく場合

らル……上一段・上二段・下一段／下二段・サ変・カ変動詞 の未然形につく場合

一　(1)の「見レ疑ハ」は下に読点がついているから、「見」は連用形に活用させ「れ」と読む。「被レ謗」の「被」は文末だから終止形になる。(2)の「為レ戮(りくせ)」の「為」は連用形で「らレ」と読む。「見レ疑ハ」の「見」は文末だから終止形に読む。(3)は「為ニA(ノ)所レB(スル)」のパターン。Aにあたるのが「人」で、Bにあたるのが「欺ク」である。このパターンは「為レ人ニ所レ欺カ(る)。」(人(ひと)の為(ため)に欺(あざむ)かる。)とも読める。口語訳は同じである。(4)は「B(セ)ラルニ於A(ニ)」のパターン。「於」が置き字で受身を示し、Bにあたる直前の漢字に「制セラル」と受身の送り仮名がついている。Aにあたるのが「人ニ」である。

《ステップアップ▼「る」「らル」の送り仮名のつけ方》

漢文で受身の助字がある場合、次の表の片仮名の部分を送り仮名にする。

語	未然形	連用形	終止形	連体形	已然形	命令形
る	れ	れ	る	る**ル**	る**レ**	れ**ヨ**
らル	ら**レ**	ら**レ**	ら**ル**	ら**ルル**	ら**ルレ**	ら**レヨ**

14　**解答**●28ページ

一　a シ　b ラバ　c クモ　d ラバ　e ヒ　f トモ　g モ　h リト

二
a　学若(がく)し成(な)らずんば
b　学問がもし成しとげられないならば
c　苟(いやし)くも過(あやま)ち有(あ)らば
d　もし間違いがあったならば
e　縦(たと)ひ彼(かれ)は言(い)はずとも
f　たとえ彼が言わなくても　g　千万人(せんまんにん)と雖(いえど)も
h　たとえ(相手が)一千万人であっても

解説　古典文法で「副詞の呼応」(たとえば「え―ずできない」)を学習するが、ここで扱った「如(も)シ――バ」「苟(いやし)クモ――バ」「縦(たと)ヒ――トモ」は、漢文での副詞の呼応になる。「雖」だけは必ず下から読む返読文字であることに注意する。さらに、仮定形を完結させるためには、「バ」の直前の活用形を未然形に、「トモ・ト」の直前の活用形は終止形になることも覚えておく。なお、「ト」の場合は体言がくることもある。(二の(4))

一　(1)の「至」は終止形が「至ル」である。「未然形＋バ」にするためには、「至ル」が四段活用であるから、「至ラバ」になる。(2)の「有」はラ変活用であるから「有ラバ」になる。(3)のeの送り仮名を「エ」や「イ」にしないように注意する。(4)のhは「終止形＋ト」になる。ラ変動詞「有」の終止形は「有ル」ではなく、「有リ」である。

二　(1)の「若」は「如」と同じに考えてよい。「不ンバ(ず)」という漢文口調にも慣れるようにする。書き下し文では「不」は助動詞にあたるから「ずんば」とすべて平仮名にする。(2)の「有」の送り仮名は、「未然形＋バ」になるから「有ラバ」となる。(3)の「トモ」の送り仮名は「不」につく。「不」は仮名書きにする。(4)の「ト」の送り仮名がつくのは体言の

「千万人」である。「矣」は置き字。

■一 **読み方**
(1) 如し大病に至らば、則ち之を如何せん。
(2) 苟くも天運有らば勝利を得ん。
(3) 縦ひ我往かずとも、子寧ぞ来たらざる。
(4) 粟有りと雖も、吾豈に得て諸を食らはんや。

《ステップアップ▼「已然形＋バ」が仮定を表す場合》

例 若キハレ民ノ、則チ無ケレバ二恒産一、因リテ無シ二恒心一。

「無ケレ」は、形容詞「無シ」の已然形（古文では「已然形＋ば」は確定条件）であるが、ここは文脈から判断して、仮定に訳すところである。漢文は、古文ほど接続は厳密ではないので、ここを本冊29ページ下段で触れた「無クンバ」と読んでもよい。

読 民のごときは、則ち恒産無ければ、因りて恒心無し。

訳 一般の人民などは、一定の職業がなければ、そのために一定不変の心（良心）も持てない。

《ステップアップ▼使役の語で仮定を表す場合》

使メバ二AヲシテBナラ一

読 AヲシテBナラしメバ

訳 もしAにBさせたとしたら

例 使メバ二民ヲシテ衣食有ラレ余リ、自カラ不ランレ為サレ盗ヲ。

使役形の「使ムニAヲシテB（セ）一」（本冊26P）の「使ム」の未然形に「バ」をつけ「使めば」とすることによって仮定を表している。

読 民をして衣食余り有らしめば、自から盗を為さざらん。

訳 もし人民に衣食を十分に与えたとしたら、自然と盗みをしなくなるだろう。

---

15 **解答** ● 30ページ

■一
(1) 霜葉は二月の花よりも紅なり。
(2) 六国従親して以て秦を擯くるに若くは莫し。
(3) 寧ろ人我に負くとも、我人に負くこと無かれ。
(4) 其の前に誉有らんよりは、其の後に毀り無きに孰若れぞ。

■二
(1) 苛酷な政治はトラ（の害）よりも恐ろしい。
(2) 百回聞くことは一回見ることに及ばない（百回聞くより一回見ることのほうがよい）。
(3) 衣服は新しいのに及ぶものはなく、人は古くからの知り合いに及ぶものはない（衣服は新しいのが一番で、人は古くからの知り合いが一番だ）。
(4) むしろニワトリの口ばしとなるとしても、ウシの尻となるな。
(5) 儀礼はぜいたくであるよりはむしろ質素なほうがよい。

解説

■一 (1)は、「於」が比較を表し、下の体言である「花」に「ヨリモ」と送り仮名がつくが、ここでは省略してある。「ヨリモ」は「ヨリ」だけでもよい。Aにあたるのが「霜葉」、Bが「二月ノ花」、Cが「紅ナリ」である。(2)は、本冊30ページ下段③のパターン。Aにあたるのが「六国…秦」までである。書き下し文に直すときに、漢字と仮名の使い分けに注意する。(3)は、④のパターン。ここでは送り仮名が三箇所省略してある。送り仮名をすべてつけると、次のようになる。

寧ロ人負クトモレ我ニ、無カレ二我負クコトレ人ニ一。（A＝人負我、B＝我負人）

(4)は、⑥のパターン。Aに

あたるのが「其…前」で、Bにあたるのが「無…後」。「其」が二つあるが、いずれも語調を整えるために使われているので、口語訳の場合は訳さなくてもよい。三の(5)の「其」も同じである。「孰‐若」を書き下し文に直すときは、本冊31ページ下段で触れてある通り「孰若れぞ」とする。なお、中間にある「‐」は、書き下し文では書かない。

二 (1)は、①のパターン。Aにあたるのが「苛政」、Bが「虎」、Cが「猛」である。「猛なり」を「ひどい」と訳してもよい。(2)は、②のパターン。Aにあたるのが「百聞」で、Bが「一見」である。(2)(3)には解答を二つ示してあるが、どちらでも意味は同じである。(3)は、③のパターン。最初の「莫レ若」を「若くは莫く」と連用形の送り仮名になっているのは、文が下に続いているためである。Aにあたるのが「新」と「故」である。「人莫レ若レ故」から漢文特有の意味をもつ「**故人**」という熟語を思い出そう。(4)は、④のパターン。Aにあたるのが「為ニ鶏口一」、Bが「為ニ牛後一」である。(5)は、⑤のパターン。Aにあたるのが「其奢」、Bが「倹」である。一の(4)同様、「其」は訳さなくてよい。

16

解答●32ページ

一
a 禽獣すら恩を知る、而るを況んや人に於いてをや。
b まして人はなおさら恩を知っているのだ。
c 死馬すら且つ之を買ふ、況んや生ける者をや。
d まして生きているウマはなおさら買うのだ。
e 臣、死すら且つ避けず、卮酒安くんぞ辞するに足らんや。
f 一杯の酒をどうして辞退しようか、いや、辞退しない。

解説 抑揚形は、「AでさえもBだ」と軽い内容を述べ、次に「ましてCはなおさらBだ」と強調するのが基本。前半または後半が省略される場合もあるが、文意はほぼ同じで基本形を理解しておく。

一 (1)は、「禽獣」がAにあたり、「知レ恩」がBにあたる。さらに、「於レ人」がCにあたる。なお、「而」は接続詞のはたらきをしているので、書き下し文に直すときは「而るを」と漢字で書くことに注意する。(2)は、「死馬」がAにあたり、「買レ之」がBにあたる。さらに、「生者」がCにあたる。なお、漢文では「者」は必ずしも人間をさすとは限らない。(3)は、「いずクンゾ――ンヤ」で反語形になることは23ページで学習ずみ。「死」がAにあたり、「不レ避」がBにあたる。さらに、「足レ辞」がCにあたり、文末の「乎」が省略された形である。「**臣**」とは、臣下(けらい)が君主に対してへりくだっていう自称の言葉。訳すときは「**私**」でよい。「卮酒」の「卮」は、さかずきのことで、「卮酒」でさかずきに盛った酒のこと。漢文にはときどき出てくる熟語である。

17

解答●33ページ

一 (1) 唯だ君と我とのみ。　(2) 独り臣のみ船有り。
(3) 三人のみ。　(4) 直だ百歩ならざるのみ。

解説 それぞれの傍線部に送り仮名をつけると次のようになる。
(1) 唯ダ君ト与ノミレ我。　(2) 独リ臣ノミ有レ船。
(3) 三人而已。　(4) 直ダ不ニ百歩ナラ一耳。

一 (1)の「**与**」を「**と**」と読む読み方は、これまでにも何回か出てきた。「**A与レB**」というパターンに慣れる。「ノミ」がつくのは、最後に読む「与」である。(2)は訳を見ると、「私だけが船を持っている」の意だから、「私だけ」にあたる「臣」に「ノミ」をつける。(3)は傍線部には送り仮名はつかない。「而已」は助詞の「のみ」にあたるから平仮名で書くことに注意する。また、「已」は「巳(へビ)・己」とまぎらわしいから注意する。(4)は、「直ダ――耳のみ」のパターン。「不ず」が「のみ」に続くときは連体形になるから「ざる」と読む。

《ステップアップ▼「のみ」の漢字の違い》

本冊33ページ下段で、限定を表す助字には「已・耳・爾・而已・而已矣」の五つをあげてある。いずれも「――だけだ」という意味になるが、それぞれに次のような違いがある。

「のみ」の意味は、左下の①「已イ」が持っている。これに接続詞のはたらきをする「而」がついて②「而已ジイ」の形になり、意味が強まる。④の「而已矣ジイイ」は②に助字の「矣」がついて断定的なニュアンスが加わり、さらに意味が強くなった形である。③の「耳・爾ジ ジ」は、②の音おんだけを借りたあて字である。

以上のような微妙な違いはあるが、口語訳するときは、すべて「――だけだ」と訳せばよい。

①已 → ②而已 → ④而已矣
②而已 → ③耳・爾

18

一 解答 ● 34ページ

(1) 唯ただに帰かえるを忘わするるのみならず、
(2) 独ひとり我われのみに非あらず。
(3) 豈あに唯ただに我われの罪つみのみならんや。
(4) 何なんぞ独ひとり長安ちょうあんに在あるのみならんや。

解説 それぞれの傍線部に送り仮名をつけると次のようになる。

(1) 不㆓唯ダニ忘㆑ルルノミナラ帰ルヲ、
(2) 非ズ㆓独リ我ノミニ㆒。
(3) 豈ニ唯ダニ我之罪ノミナランヤ。
(4) 何ゾ独リ在ルノミナランヤ㆓長安ニ㆒。

一 (1)の「唯」の送り仮名は「唯ダニ」と「ニ」をつけ忘れないようにする。累加形では、「たダ」を強めて、「たダニ」と読むことになっている。(3)も同様に注意する。(1)は、本冊34ページ下段の①のパターン。Aにあたるのが「忘㆑帰」。「忘る」は「のみ」に続くときは連体形になるから「忘るる」とする。Bにあたるのが「可…老」である。(2)は②のパターン。Aにあたるのが「我」で、Bにあたるのが「人…矣」である。(3)は③の(1)のパターン。反語形と限定形が入りまじった形になっている。Aにあたるのが「我之罪」で、Bが省略された形。「之」は助詞「の」にあたるから、書き下し文では仮名書きにする。(4)は③の(2)のパターン。これも(3)同様に反語形と限定形が入りまじった形。Aにあたるのが「在㆓長安㆒」で、Bは省略。

《ステップアップ▼「豈唯A・何独A」の累加形》

累加形のうち、「豈唯A・何独A」のパターンは、次のように反語形と限定形がドッキングしたものであると考えると覚えやすい。基本になるのは、次の句形である。

〈反語形〉
○豈ニ――ンヤ（本冊25P）
○何ゾ――ヤ（本冊23P）

〈限定形〉
○唯ダ――ノミ
○独リ――ノミ
（本冊33P）

豈ニ ［唯ダ――ノミ］ ナラ ンヤ
何ゾ ［独リ――ノミ］ ナラ ンヤ

ニ 強め

ナラ 断定の助動詞を加えて「ノミ」と「ンヤ」を結びつけている。

■ 反語形
□ 限定形

19

一 **解答** ●35ページ

(1) 嗚呼、士は己を知る者の為に死す。
(2) 逝く者は斯くのごときかな。
(3) 何ぞ楚人の多きや。
(4) 豈に悲しからずや。

解説 文頭や文末にくる詠嘆(感嘆)形には、本冊35ページで取りあげた以外の漢字に、文頭では「嗚乎・嗟呼・于嗟・嗟于・噫嘻・於乎」など、文末では「也・与・耶・歟」などがあるが、一字一字暗記する必要はない。

一 (1)の「嗚」は「鳴」でないことに注意する。「嗚呼」は代表的な詠嘆(感嘆)形である。(2)の「夫」が文末の詠嘆(感嘆)形で「かな」と読む。助詞にあたるから仮名書きにする。なお、「如キ」も助動詞にあたるから仮名書きにする。「斯ク」は副詞にあたるから漢字のままでよい。(3)の「何ゾ——也ャ」は、本冊21ページで疑問形として取りあげているが、詠嘆(感嘆)形の訳し方も覚えておく。疑問か詠嘆(感嘆)かは前後の文脈の中で判断しなければならないことが多い。「楚人」は、楚の国の人のことである。読み方と訳し方は覚えておく。「そじん」とは読まない。「之」は助詞「の」にあたるから仮名書きにする。(4)は、反語形の「豈」を用いて詠嘆(感嘆)を表している。反語形特有の「——だろうか、いや、——でない」という訳し方をしないで、「なんと——ではないか」とストレートに訳す。

20

一 **解答** ●36ページ

a すでに b とうに c やむ d やめ
e まみゆ f お目にかかる g る h される
i ゆく j 行く k の l ごとし m の
n ようだ o もし p もし q なんぢに
r あたふ s お前に t 与える u これと
v これと w なすにしくは x 行うのに及ぶ
y よりは z しか A よりは B 及ば
C ために D ために E と F のにくむ
G と H 憎みきらう

解説 ここに取りあげた漢字は、日常生活で目にする日本文にもよく出てくる漢字ばかりである。ところが、漢文に出てきた場合は文脈によって読み分けなければいけない漢字であることに注意する。すでに第1章の「返読文字」や第2章の「基本句形」で扱っている読み方もあるが、ここでは漢字ごとの読み方をまとめて覚えるようにする。送り仮名が省略されていても読み方が思い出されるまで、何度も復習することがたいせつである。

一 ここの漢字の読み方は、送り仮名に注目するとほぼ見当がつく。(1)(2)の「已」は、「己・巳」とは違う字である。(3)の「見ュ」は、「みユ」とも「まみユ」とも読めそうだが、ここは目上の人(恵王)に会っているから「まみユ」と読む。(4)の「見」に送り仮名がついていないのは、受身の助動詞「る」の終止形として使われているからである。なお、「**是以**」も読み方・意味をぜひ覚えておくべき語である。(本冊42P)
(5)「之ク」は「行く」という意味だから、「いく」と読んでもよさそうだが、漢文では「ゆく」と読むと覚えておく。(7)の「若」には「シ」と送り仮名があり、「ごとシ」でも「もシ」でも読めそうだが、「ごとし」は助動詞(日本語の文法では付属語といって、文節の最初に絶対こない品詞)

だから、ここは「もシ」と読む。⑻の「若」は「如」にはない用法。書き下し文を平仮名で書けと指示されている場合は「なんじ」とは書かないで、歴史的仮名づかいの「なんぢ」と書くことに注意する。⑼は「与レ之」をセットで答えるようになっている。いつも二字が続いているわけではなく、ここでは注意すべき漢字がたまたま続いていたためにこのような設問にした。「与」に送り仮名がついていない場合は、本冊37ページ下段の「与」の読み方の6〜8にあたるが、7 8は文末にあることが多い。返り点(ここではレ点)がついていて、送り仮名がなければ「と」と読むことが多い。⒀の「貧与レ賤」のように「A与レB」(AトBと)のパターンで覚えておく。⑽の「如」は、その前の字とセットの「莫レ如」で比較・選択形の代表的なパターン(本冊30P下段)。ここは、「如」だけが設問になっているため、訳は「及ぶ」となっているが、「莫レ如二A一」で「Aに及ぶものはない」という口語訳のほかに「Aが一番だ」と訳してもよい。⒀の「悪」に「憎みきらう」という意味があることは、「憎悪・嫌悪」という熟語と結びつけると覚えやすいだろう。

21 解答 ● 38ページ

一 (1) いふに (2) こたふること (3) a つひに b つひに (4) なんぢ

二 (1) a ならば b ならば (2) すぐに (3) すぐに (4) そこで (5) そのたびに

解説 二では、「すなはチ」の意味の違いを例文で確かめて欲しかったので口語訳を答える設問にしたが、とりあえずは一二とも読めるようになることがたいせつである。テストでは、意味よりも読み方を問われることが多い。

一 (3)の「遂」も「終」も、「つひに」でなければいけない。ただし、設問の条件に「現代仮名づかいで」とあれば、「ついに」でよい。(4)も同様に、「なんじ」としない。

《ステップアップ▼「また」の用例》

本冊ではスペースの関係で、「また」について例文をあげることができなかったので、ここでまとめてあげておく。

例 少時学レ書不レ成。去学レ剣。**又**不レ成。

読 少時書を学びて成らず。去りて剣を学ぶ。**又た**成らず。

訳 幼少のころ字を書くことを習ったが上達しなかった。(そこで書を学ぶのを)やめて剣術を習った。**またもや**上達しなかった。

例 宋有二狙公者一。愛レ狙、養レ之成レ群。能解二狙之意一、狙**亦**得二公之心一。

読 宋に狙公といふ者有り。狙を愛し、之を養ひて群と成す。能く狙の意を解し、狙も**亦た**公の心を得たり。

訳 宋の国に、サル飼いと呼ばれる人がいた。サルをかわいがり、養い育てて、(サルは)群をなしていた。サルの心を理解する能力を持っており、サル**も同様に**主人の心をつかんでいた。

例 渡レ水**復**渡レ水　看レ花**還**看レ花　(漢詩の一部)

読 水を渡り**復た**水を渡り　花を看**還た**花を看る

訳 (春の)川を渡り、**ふたたび**川を渡り、(岸辺に咲く)花を眺め、**ふたたび**花を眺める。(「復」も「還」も動作をくり返していることを表している。）

22 **解答** ● 40ページ

一 a あざなは　b し　c あなた　d それ　e そもそも　f しん　g わたくしは　h すくなく　i すくなし　j 少なく　k 少ない　l ひそかに　m こっそり　n まさに　o いま　p しは　q 学徳のある者は

二 (1) 道理を見失った者には味方が少ない。
(2) いったい何を心配し、何を恐れることがあろうか、いや、恐れることはない。

解説 ここに取りあげた漢字にはいくつかの読み方と、それに伴う意味があるが、ここで示してある読み方と意味は設問として出題されやすいので、特に覚えておく必要がある。

一 (1)は、員という者が、成人して子胥と名のったのである。(2)は、矛(敵を突きさす武器)と楯(敵の攻撃を防ぐ道具)を同時に売っている人間に向かって質問しているところである。「**何如**」は重要語(本冊19P)。(3)の「夫」には、「それ」以外にも「おっと・おとこ・かの・か・かな」などの読み方があるが、漢文では「それ」が要注意。文頭に「夫」があったら「それ」という読み方を思い出す。(4)は、「臣下」(君主に仕える者。家来。)という熟語と結びつけて覚えておく。なお、「**A且B**」(AでさえもBだ)という抑揚形にも注意する(本冊32P)。(5)の「寡」の類義語は「少・孤」で対義語は「多・衆」である。漢文には「**寡人**」という重要語がある(本冊43P)。(6)の「私」は、授業中におしゃべりしていると先生から「私語をやめなさい」などと注意されることがある。この「私語」(ひそひそ話)と同じ用法である。なお、文中の「**故**」は、古文でもおなじみの語で「理由」の意。(7)は、「方」と送り仮名に「ニ」がついていたら、「まさに」としか読まない。「まさニ」という読み方としては、再読文字の「**将・且・当・応**」(本冊8P)も覚えておく。「朕」は、帝王などが自分を指す場合に用いた一人称代名詞。日本の天皇も使っていた。(8)の「士」には、ばくぜんと成人した男を指すこともあるが、漢文で設問として出てきた場合は、学問や知識のある立派な男のことを表す場合が多い。ここは「弘毅」(心が広く意志の強いこと)でなければいけないとあるから、一般の成人男子では役不足になる。なお、「**不レ可レ不ニ**――」の形は、「――でなくてはならない」という二重否定の句形である。

二 (1)は、「多レ助」と「寡レ助」が対になっていることに注目する。「道」は、上の「得レ道」の訳で「道理をわきまえている」とあることから、同じように訳すとよい。(2)の「夫」の位置は文頭と同じに考えてよい。「**何ヲカ――ン**」は、反語形である(本冊23P)。

読み方

二 (1) 道を得る者は助け多く、道を失ふ者は助け寡なし。
(2) 内に省みて疚しからざれば、夫れ何をか憂へ何をか懼れん。

23 **解答** ● 42ページ

一 a おもへらく　b と思う　c ここをもって　d そういうわけで　e これをもって　f このことによって　g ここにおいて　h そこで　i こたへていはく　j ひやくせい

k　答えて言うことには　l　一般の人民
m　しからばすなはち　n　そうだとすれば
o　むべなるかな　p　もっともなことだ

三　(1)　いくばく　(2)　いわゆる　(3)　じんかん　(4)　ゆえん

解説　漢文特有の複合語は、同じような漢字の組み合わせでまぎらわしいものもあるが、少しずつ覚えていくようにする。漢文を読めば読むほど、ここで扱った漢字に出会うはずである。また、特有の熟語には、日本語のニュアンスと違った用い方をするものも多いので、これにも徐々に慣れるようにする。

一　読み方は特別に指示がなければ歴史的仮名づかいで答えるようにする。ここでは、特に(1)(5)(6)に注意する。また、(2)(3)(4)は漢字の配列の微妙な違いによって読み方や意味が違ってくるので、返り点のつけ方も含め正確に覚えるように特に要注意である。

二　(1)の「幾何」は本冊19ページ、(4)の「所以」は11ページで学習ずみだから、43ページの下段を見なくても答えられなければいけない。当然のことながら、意味も覚えるようにする。

24　解答　●44ページ

一　**問一**　五言絶句　**問二**　光・霜・郷
問三　第一句―起(句)　第四句―結(句)

二　**問一**　七言絶句　**問二**　斜・家・花
問三　第二句―承(句)　第三句―転(句)

解説　ここでは、絶句のルールの確認をした。漢詩が問題になるときは、ここで問われている形式・押韻などは必ず出題されるので、正確に覚えるようにする。

一　**問一**　漢詩の形式は、一句の句数と字数によって決まる。形式は絶句と**25**で扱う律詩だけを覚えておけばよい。ここは、一句の句数は四句で、字数は五字。**問二**　押韻は、各句の最後の漢字に注目する。本冊45ページ下段にも触れているように、五言絶句だから偶数句の最初の漢字というように決めつけないで、実際に音読みして確認する習慣をつけておく。ここの漢字を音読みすると「光(コウ)・霜(ソウ)・月(ゲツ)・郷(キョウ)」となり、母音が「ウ」で終わっている「光・霜・郷」が押韻ということになる。**問三**　絶句は「起承転結」という構成を覚えておけば簡単。

二　**問一**　一句の句数は四句で、字数は七字である。**問二**　ここの句末を音読みすると「斜(シャ)・家(カ)・晩(バン)・花(カ)」と読み、母音に注目すると「ya・ka・n・ka」となり「晩」以外は母音「a」で終わっているから、この三字が押韻。**問三**　**一**の問三と同じに考えるとよい。なお、対句は律詩に多く出てくるが、**一**の転句と結句は、返り点の位置が同じで、意味内容も互いに対応しているので、対句になっている。絶句でも対句になる場合がある。**二**の結句は、「A(ハ) C(ナリ)(二)於 B(ヨリモ)(一)」という比較・選択形になっている。(本冊30P)

25　解答　●46ページ

一　**問一**　五言律詩　**問二**　舟・流・休・鴎
問三　ア・イ・ウ　**問四**　(1)豈　(2)応

二　**問一**　七言律詩　**問二**　楼・悠・洲・愁　**問三**　イ・ウ
問四　A　復(ま)た返(かえ)らず　B　人(ひと)をして愁(うれ)へしむ

解説　ここでは、律詩のルールを確認した。口語訳がなかったのでむずかしかったかもしれないが、形式や押韻は詩の内容とかかわりなく答えられるので、ルールをしっかり覚えておく。

一　**問一**　一句の句数が八句で、字数は五字である。**問二**　必ず句末の漢字を音読してみる。律詩の場合は、意味のうえで二句ずつで一まとまりになっているから、押韻で注目する句末の漢字は一句目と二・四・六・八句目だけでよい。ここは、「岸(ガン)・舟(シュウ)・流(リュウ)・休(キュウ)・鴎(オウ)」で「岸」以外は「ウ」で押韻になっている。なお、「船」は「セン」と読むが「舟」は「シュウ」と読み「セン」とは読まない。**問三**　選択肢にあげてある名称は書けなくてもよいが、何句目と何句目をさしているかは知らなくてはいけない。なお、頸聯(五句目と六句目)は返り点が違っているため、一見すると対句になっていないようだが、「豈ニ」という反語を表す語があるため

名ハ ↔ 官ハ
豈ニ ↔ 応ニ
文章ニテ ↔ 老病ニテ
著レンヤ ↔ 休ム

「著」に「レンヤ」という送り仮名がつき、「応ニ」という再読文字があるため「休ムベシ」の「ベシ」の送り仮名の部分が「応」についているという変則的ではあるが、意味のうえからは対句になっている。**問四**　いずれも最重要漢字。⑴は本冊25ページ、⑵は9ページで学習ずみである。

二　**問一**　一句の句数が八句で、字数が七字である。**問二**　一句目と偶数句に注目して音読する。**問三**　律詩の対句の原則通り、頷聯と頸聯が対句になっている。**問四**　漢詩の知識とは無関係な設問であるが、Aは部分否定(本冊15P)、Bは使役形(本冊26P)で取りあげた代表的な句形であるから、読めるだけでなく、訳せるようにしておく。Bは、「人を愁えしむ」ではなく、歴史的仮名づかいの「愁へ」とする。なお、ここの「人」は、作者自身を客観的に表している。

口語訳

一　細かい葉の草がそよ風に吹かれている岸べ(に舟をつなぎ)/高くそびえ立った帆ばしらの舟に、ひとりで旅の一夜を過ごしている/星は(大空一面に)地平線のかなたまで広がり、平野はひろびろと続いている/月は(揚子江の)流れの中からわきあがって(くるように水面に輝き)、揚子江はゆったりと流れている/人の名声は、どうして文学などによって世にあらわれるだろうか、いや、あらわれるはずがないのだ/(だからといって、官職について名声をあげようとしても)官職は、(いまの私は)老齢と病気のためにやめるのが当然であろう/あてもなくさまよう(この身は)、いったい何に似ているのだろうか/天地の間(をさまよい続ける)一羽の砂浜にいるカモメ(に似ているといえよう)。

※舟の中で、月のかがやく夜空をひとりでながめながら、名声を得ることなく病気と老いで官職をやめざるをえない身の上を、空にさまようカモメのようだと、自分の孤独をうたっている。

二　昔の仙人はすでに(仙人が描いたという)黄鶴に乗って飛び去り/(いまは)ここは、ただ黄鶴楼が残っているだけだ/黄鶴は飛び去ってしまって二度と返ってくることはなく/(昔と変わらない)白雲だけが、千年後の(いまも昔と同じように)大空にゆったりと浮かんでいる/晴れわたった(空の下には)揚子江が(はるかに)流れ、そのむこうに漢陽の町の樹々がはっきりと見える/川の中州にある鸚鵡洲には春の若草が盛んに生い茂っているのが見える/(そのうちに)日も暮れて(くると故郷のことが思われ)故郷はいったいどちらの方向であろうかと見ると/(夕ぐれの)もやに包まれた波が川のほとり(にたちこめ)、(旅の途中の)私に悲しみを感じさせる。

※この漢詩は、黄鶴楼についての伝説に基づいて作られたものである。その伝説とは、昔、ひとりの老人(仙人)が酒屋にやって来て酒を飲ませて欲しいと頼む。そこで店主は快く酒を飲ませたところ、老人はその後もやって来たが、そのたびに店主は酒を飲ませた。ある日、老人はこれまでの酒代を払えないから、そのかわりといって店の壁に黄色の鶴を描いて帰った。その黄鶴は、客が手を打って歌うと、壁から抜け出して舞った。うわさが広がり、多くの人々がこの酒屋を訪れ、十年もたつと店主は大金持ちになった。ある日、昔の老人が店にやってきて笛を吹くと、絵の黄鶴は壁から飛び出し、老人はその黄鶴にまたがり、白雲とともに空のかなたへ飛び去った。その後、店主は楼(高い建物)を建てて、黄鶴楼と名づけたという。

《ステップアップ▼漢詩の形式》

漢詩には、本冊で扱った「絶句」と「律詩」以外の形式もある。全体をまとめると次のようになる。

- **漢詩**
  - **近体詩**(唐以降)
    - **絶句**
      - **五言絶句**(一句五字で四句)
      - **七言絶句**(一句七字で四句)
    - **律詩**
      - **五言律詩**(一句五字で八句)
      - **七言律詩**(一句七字で八句)
    - 排律
      - 五言排律(一句五字で十句以上の偶数句)
      - 七言排律(一句七字で十句以上の偶数句)
  - **古体詩**(唐以前)
    - 古詩
      - 四言古詩
      - 五言古詩
      - 七言古詩
      - (句数は自由、多くは偶数句)
    - 楽府
      - 長短句(もとは音楽に合わせて歌うもの)

※唐代以前に作られた漢詩を古体詩という。なお、唐代以降に作られたものでも、近体詩の形式に当てはまらない漢詩は古体詩扱いになる。